НЕВИННИ В НЮРНБЕРГ

Германската защита по делото

Карлос Портър

NOT GUILTY AT NUREMBERG:
The German Defense Case
(in Bulgarian)
By Carlos Porter

НЕВИННИ В НЮРНБЕРГ
Германската защита по делото
Карлос Портър

Translation from Russian.

© 2017 by Carlos Whitlock Porter. All rights reserved.

http://www.cwporter.com

Съдържание

Предговор 5
„Престъпните организации" 7
Документите 11
Мартин Борман 16
Карл Дьониц 18
Ханс Франк 21
Вилхелм Фрик 23
Ханс Фритче 25
Валтер Функ 26
Курт Герщайн 28
Г. М. Гилбърт 29
Херман Гьоринг 31
Рудолф Хес 35
Рудолф Хьос 37
Японските процеси за „военни престъпления" 45
Алфред Йодл 49
Ернст Калтенбрунер 52
Вилхелм Кайтел 56
Константин фон Нойрат 58
Франц фон Папен 60
Ерих Редер 62
Йоахим фон Рибентроп 63
Алфред Розенберг и Фриц Заукел 68
Ялмар Шахт 72
Балдур фон Ширах 73
Артур Зайс-Инкварт 75
Алберт Шпеер 77
Юлиус Щрайхер 78

Надзиратели наблюдават затворниците, Нюрнберг, 1946 г.

Предговор

Пренаписването на историята е толкова старо, колкото и самата история.

Така например в „Анали" на Тацит (Книга XV, 38) се споменава, че Нерон е изгорил Рим. По-късно римските историци повтарят този „мит" като „факт" (Светоний, „Нерон", кн. V, 38, Dio Cassius, „Посланието", кн. LXII; Плиний Стари „Естествена история", кн. XVII, 5). По-късните изследователи от своя страна, поставиха под съмнение този „факт" и го превърнаха обратно в „мит".

През 1946 г. е „доказан факт", че нацистите са правили сапун от хора (присъда на Нюрнбергския процес IMT I 252 [283]; VII 597-600 [656-659]; XIX 506 [566-567]; XXII 496 [564]). Впоследствие този „факт" също се превърна в „мит" (Хилберг, „Унищожаването на Европейските евреи" – коригирано издание „New York: Holmes and Meier, 1985 г., стр. 966" – източникът на мита за приготвянето на сапун от човешка мазнина и досега е неизвестен). Този мит изглежда има съветски произход. В Двореца на мира в Хага е поставен голям буркан с мистериозен вонящ материал, който никога не е подлаган на експертиза (веществено доказателство СССР-393). Служителите на двореца го показват на любознателните посетители и обясняват, че е автентичен, но изглежда не желаят да отговарят на писмата на лицата, който искат да го подложат на изследване.

През 1943 г. има слухове, че нацистите убиват евреи с пара, електричество, газ, изпомпване на въздуха от стая, умъртвяване чрез сваряване и изпичане (например „The Black Book: „The Nazi Crime Against the Jewish People", Ню Йорк, 1946 г., стр. 270, 274, 280, 313; представена пред Нюрнбергския съд като доказателство). Към 1946 обгазяването остана „факт", докато убийствата с помощта на пара, електричество, изпомпване на въздуха сваряване и изпичане останаха просто „митове". (Забележка: убийствата с помощта на пара са „доказани" в процеса на Пол, 4-ти Нюрнбергски процес, NMT IV 1119-1152).

„Доказателствата", че нацистите са убивали евреи с газ, от качествена гледна точка не са по-добри от „доказателствата", че евреи са били убивани чрез пара, електричество, сваряване, изпичане или изпомпване на въздуха и съвсем основателно поставят под съмнение и тези „доказателства".

Съдържанието на тази книга не е пренаписване на историята, а само едно ръководство по забравени исторически материали. 312 022 нотариално заверени писмени показания на защитата пред Нюрнбергския процес от 1945-1946 г. са забравени, но 8-9 „оборващи" ги показания от страна на прокуратурата се помнят и досега. (XXI 437 [483]).

Тази книга съдържа много препратки към томове, номера и страници. Тези препратки се привеждат не, за да объркат, заблудят или впечатлят читателя или да докажат правотата на представените твърдения. Те са за това – читателите да могат по-лесно да намерят търсения материал.

Дали аргументите на защитата са по-надеждни от „доказателствата" (сапунът от човешка мазнина (документ СССР-197), чорапите от човешка коса (документ СССР-511), канибалските хамбургери (веществено доказателство 1873 от Токийския процес) – представяни от прокурорите при различните процеси над „военнопрестъпниците", предоставяме на преценката на читателя.

Бележки

IMT (International Military Tribunal) – Основният Нюрнбергски процес – провеждан на четири езика.

NMT (National Military Tribunal) – последващите (малки) Нюрнбергски процеси, проведени само от САЩ (12 процеса). Освен ако не е посочено друго, всички номера на страници са дадени от Американското издание на материалите за Нюрнбергския процес (в средните скоби са приведени препратките към немското издание).

Сборник с 42 тома материали за Нюрнбергските процеси на английски език можете за свалите от интернет-страницата „Military Legal Resources":
http://www.loc.gov/rr/frd/Military_Law/NT_major-war-criminals.html

„Престъпните организации"

Материалите на защитата за предполагаемите „престъпни организации „се състоят от устните показания на 102-ма свидетели и 312 022 нотариално заверени писмени показания, дадени под клетва (XXII 176 [200]).

Терминът „престъпна" така и никога не е дефиниран (XXII 310 [354], виж също: XXII 129-135 [148-155]). Не е определено и кога точно тези организации са се превърнали в „престъпни". (XXII 240 [272-273]) Нацистката партия е престъпна до 1920 (XXII 251 [285]) или може би само през 1938 г. (XXII 113 [130]), а може би никога не е била престъпна (II 105 [123]).

Както вече споменахме – пред нюрнбергската „комисия" са представени 312 022 нотариално заверени писмени показания, но в съдебните записки на Нюрнбергския процес те отсъстват. Националния архив, намиращ се във Вашингтон не разполага с протоколите от заседанията на „комисията", в които би трябвало да са записани показанията, но никой никога не е чувал за такива и дори не знаят за какво става дума. От 312 022 писмени показания, само няколко десетки са преведени на английски, така че Трибуналът не е могъл да ги прочетете. (XXI 287, 397-398 [319, 439]) Председателят на Трибунала – Джефри Лорънс както е известно – не е разбирал немски, нито пък Робърт Джаксън – главният прокурор от Съединените щати.

Поради промените в правилника направени в последната минута (XXI 437-438, 441, 586-587 [483-485, 488, 645-646]), по технически причини бяха отхвърлени много повече писмени показания (XX 446-448 [487-489]).

„Комисията" е подготвила т.нар „обобщение", което е било предадено на Трибунала (десетки хиляди писмени показания за хуманно отношение към затворниците и др.) Към материалите по делото „обобщението" не е приложено. Трибуналът обещава да прочете всичките 312 022 писмени показания преди да издадат присъда. (XXI 175 [198]) След 14 дни е обявено, че тези 312 022 писмени показания са недостоверни. (XXII 176-178 [200-203])

Тогава е решено, че едно писмено показание (документ D-973) представено от прокуратурата „оборва" 136 000 (сто и тридесет шест хиляди) клетвени декларации представени от защитата (XXI 588, 437, 366 [647, 483-484, 404]).

Сто и двама свидетели на защитата са принудени първо да дадат показания пред „комисията", след което само двадесет и девет (XXI 586 [645]) или според други източници – двадесет и двама (XXII 413 [468]) са допуснати да излязат пред съда. При това им е било забранено да дават „кумулативни" показания – т.е., че не могат да повтарят доказателствата, вече представени пред „комисията" (XXI 298, 318, 361 [331, 352, 398-399]).

След това шест (6) писмени показания – представени от прокуратурата, оборват показанията на 102 (сто и двама) свидетели на защитата. (XXI 153 [175]; XXII 221 [251])

Едно от тези показания е написано на полски – така, че защитата не може да го прочетете. (XX 408 [446]) Друго е подписано от евреин на име Шломо Гол, който твърди, че лично е изкопал и кремирал 80 000 трупа, включително този на собствения му брат. (XXI 157 [179]; XXII 220 [250]) (Според британското издание на материалите по Нюрнбергския процес е изкопал „само" 67 000 трупа). Само че още преди това изявление да бъде дадено, прокуратурата вече е спряла представянето на доказателства. (XX 389-393, 464 [426-430, 506]; XXI 586-592 [645-651])

В окончателното си становище прокуратурата заявява, че в хода на процеса на съда са представени и взети под внимание 300 000 клетвени декларации, създавайки по този начин впечатлението, че това са документи на обвинението. (XXII 239 [272]) В действителност – за целия процес прокуратурата представи само няколко наистина важни показания, (виж напр: XXI 437 [483] като осем или девет писмени декларации се противопоставиха на триста хиляди от страна на защитата. (вижте също: XXI 200 [225], 477-478 [528-529], 585-586 [643-645], 615 [686-687])

На различните процеси по делата за концентрационните лагери – например на процеса Мартин Готфрид Вайс е установена следната проста процедура: каквато и да е служба в лагера – дори само за няколко седмици се явява „конструктивна (правно предполагаема) информация" за „общия план". „Общ план" разбира се не е дефиниран. Не е необходимо да се привеждат специфични действия на малтретиране, както и да се доказва, че някой е починал в резултат на лошо отношение. В резултат на процеса Готфрид Мартин Вайс, са осъдени на смърт 36 от 40 подсъдими. Терминът „конспирация" обикновено се избягва да се опрости процедурата на съдебния процес.

Протоколите от заседанията на нюрнбергската „комисия" се съхраняват в Хага, заемайки половината от огнеупорните сейфове от пода до тавана. Показанията на всеки свидетел са напечатани на машина и номерирани всеки поотделно, а след това препечатани на хиляди страници с непрекъснато номериране. Първите чернови и белови са поставен в папки и закрепени с ръждясали скоби на много крехка хартия. Няма никакво съмнение в това, че този материал никой никога не е чел – най-малкото в Хага.

Обобщението на показанията на 102-та свидетели са отпечатани с дребен шрифт най-вече в томове XXI и XIII от материалите на Нюрнбергския процес. Дребният шрифт означава, че тези части са били премахнати (в противен случай делото ще стане прекалено дълго) от заключителната реч на защитата. Тези материали заемат няколкостотин страници. Преписът на процеса – публикуван във Великобритания, не съдържа нито дума от тези материали. В американското издание отсъстват 11 страници дребен шрифт между параграфи 1 и 2 на стр. 594, том XXI. Те обаче се намират в немския сборник (XXI 654-664). Изглежда немското издание е по-пълно.

Указаните материали например обхващат:
– тоталната война (XIX 25 [32]);
– репарациите (XIX 224-232 [249-259]);
– немските профсъюзи (XXI 462 [512]);
– Гестапо и концентрационните лагери (XXI 494-530 [546-584]);
– пучът на Рьом (XXI 576-592 [635-651]);
– Кристалната нощ (XXI 590-592 [649-651]);
– преселванията (XXI 467-469, 599-603 [517-519, 669-674]);
– SD (службата за охрана; XXII 19-35 [27-47]);
– въоръженията (XXII 62-64 [75-78]).

312 022-те писмени свидетелски показания се съхраняват, очевидно в някой немски архив.

Присъдата на Трибунала е отпечатана два пъти – в томове I и XXII. Важно е намирането на немското издание и прочитането на присъдата на немски език в том XXII. Лошият немски, грешките при превода от американския вариант и т.н. в немското издание са поправени и поставени заедно с бележките под линия.

Грешки от този вид и съдържащи се в документи, могат да бъдат взети като доказателство за измама. Като цяло, немското издание на материалите от Нюрнберг е за предпочитане пред американското. Немската версия съдържа много бележки, предупреждаващи читателя за погрешни препратки, липсващи документи и фалшифицирани копия (например – в том XX на немското издание на страница 205 пише „в оригиналния документ тази фраза не съществува").

Немското издание на материалите за процеса в Нюрнберг в меки корици (22 тома – само стенограми от заседанията) могат да бъдат получени от мюнхенската издателска къща „Delphin Verlag" (ISBN 3.7735.2509.5), американското издание на микрофилм (42 тома със стенограми от заседанията и документи) са на разположение чрез издателство „Oceana Publications" (Dobbs Ferry NY). В допълнение, всички 42 тома на английски език са изложени на сайта „Military Legal Resources".

Документите

Според стандартната версия на събитията – съюзниците са проучили сто хиляди документа и от тях са подбрали хиляда, за да ги включат към доказателствата, а оригиналните документи са депозирани в Двореца на мира в Хага. В действителност ситуацията съвсем не е такава.

Документите, използвани на Нюрнбергския процес в качеството на доказателства представляват до голяма степен „фотокопия" на „копия". Много от тези „оригинални документи" са изцяло написани на обикновена хартия от неизвестни лица, без да има каквито и да е печати или ръкописни знаци. Понякога в тях могат да се намерят нечетлив подпис или инициали на малко известни лица „удостоверяващи", че дадения документ е „верен с оригинала". Някои от документите имат немски печати, а на други печати няма. Много от документите са „открити" от руснаците или са били „признати за автентични" от Съветската комисия за разследване на военни престъпления.

Например – том XXXII – взет на случаен принцип, съдържа 20 протокола от разпити или показания под клетва, 12 фотокопия, 5 неподписани копия, 5 оригинални документа с подписи, 4 копия на печатни материали, 3 копия на циклостил, 3 документа изпратени по телетип, 1 копие на микрофилм, копие – подписано от някой друг и едно копие с неизвестен произход.

Оригиналните документи в Хага от времето на войната са много малко, ако изобщо има такива. Но там има много оригинални следвоенни „декларации" или писмени показания под клетва, протоколи от заседанията на нюрнбергската „комисия", както и много други ценни материали.

Там има „човешки сапун", на когото химически анализ никога не е извършван, както и „оригиналната рецепта за направата му" (Документ СССР-196), които са фалшификати, но очевидно няма нито един оригинален немски документ от времето на войната.

В Хага се съхраняват негативни копия на тези документи, направени на много крехка хартия и закрепени с телбод. За да се направи фотокопие, телбодът трябва да бъде премахнат. След фотокопирането, при повторното свързване се образуват нови дупки. Повечето от тези документи се копират много рядко и както казват служителите на Двореца на мира, за тях почти никой не пита.

Във вашингтонския национален архив казват, че оригиналните документи се съхраняват в Хага (виж: Telford Taylor, „Use of Captured German and Related Documents", A National Archive Conference). В Хага, пък твърдят, че оригиналните документи са във Вашингтон.

В Държавния архив в Нюрнберг и във Федералния архив в Кобленц също няма нито един оригинален документ, а и в двата архива твърдят, че оригиналните документи са във Вашингтон. Като се има предвид, че оригиналите в повечето случаи са „копия", често няма никакви доказателства, че съответните документи изобщо някога са съществували.

Главният прокурор от САЩ – Робърт Джаксън, от самото начало на процеса безсрамно се позовава на такива фалшификати или на безполезни документи като PS-1947, PS-1721, PS-1014, PS-81, PS-212, както и много други (II 120-142 [141-168]).

Документ PS-1947 е „копие" на „превод" на писмо от генерал Фрич до баронеса фон Шуцбар-Милхинг. По-късно баронесата ще даде писмено показание, заявявайки, че тя никога не е получавала такова писмо. (XXI 381 [420-421]).

„Писмото" на генерал Фрич до баронеса фон Шуцбар-Милхинг е признато за фалшификат още по време на процеса и не е включено в сборника с документи (то е трябвало да се появи в том XXVIII на стр. 44), но съдът не е направил забележка на Джаксън. (XXI 380 [420]).

Ентусиазираните американци изглежда са подправили 15 „превода" на подобни „писма", след което всички „оригинални документи" мистериозно изчезват (виж: Telford Taylor, „Use of Captured German and Related Documents").

Документ PS-1721 също се явява фалшификат. В него един щурмовак пише доклад до самия себе си за това как той изпълнява заповед, дословно цитирана в същия този доклад. Ръкописните бележки на стр. 2 и 3 са очевидни имитации на ръкописните бележки от стр. 1 (XXI 137-141 [157-161], 195-198 [219-224], 425 [470]; XXII 147-150 [169-172]. Виж също „Testimony Before the Commission („показания пред комисията"), Фуст, 25 април, и Лютце, 7 май 1946 г.). В Националния архив се съхранява фотокопие на документ PS-1721, а в Хага – негов негатив. „Оригиналът" е фотокопие. (XXVII 485)

Документ PS-1014 представлява фалшифицирана „реч на Хитлер", написана от лице с неустановена самоличност на хартия, без подписи или печати. Документът има заглавие „Втората реч", въпреки че е известно, че на тази дата Хитлер е произнесъл само една реч. Има четири версии на тази реч, три от които са фалшификати (PS-1014, PS-798, L-3) и една автентична. (Ra-27) (XVII 406-408 [445-447]; XVIII 390-402 [426-439]).

Друг фалшификат – документ L-3, на който седи печат на лаборатория на ФБР, така и не е приет от съда като доказателство (II 286 [320-321]), но 250 копия от него са дадени на пресата като автентични. (II 286-293 [320-328])

А. Дж. Тейлър цитира този документ на стр. 254 от работата си „The Origins of the Second World War" (Fawcett Paperbacks, 2nd Edition, with Answer to his Critics), посочвайки като източник сборникът „German Foreign Policy", Series D VII, №№ 192, 193.

Като цяло, документ L-3 е източник на много изявления, приписвани на Хитлер, сред които: „Кой днес си спомня съдбата на арменците „и" Нашите врагове са жалки червеи – аз ги видях в Мюнхен". Освен това в него Хитлер се сравнява с Чингиз хан и казва, че той ще унищожи всички поляци и ще нарита Чембърлейн в слабините пред обективите на камерите. Този документ както изглежда е напечатан на една и съща пишеща машина с много други нюрнбергски документи – включително и другите две версии на същата реч. Вероятно това е машина модел „Martin", произведена от „Triumph-Adler-Werke" от Нюрнберг.

Документ PS-81 е „заверено копие" на неподписано писмо, написано от неизвестен човек върху обикновена хартия. Ако е автентичен – това е чернова на писмо, което никога не е изпратено. Постоянно се твърди, че това е писмо е написано от Розенберг, но сам Розенберг отрича. (XI 510-511 [560-561]) Документът няма подписи, инициали, оставено място за регистрационен номер (задължително в такива случаи) и не е намерен сред документите на лицето, до което е било адресирано. (XVII 612 [664]). Документ PS-81 е „фотокопие" представено от съветската страна (USSR-353, XXV 156-161).

Документ PS-212 също е съставен от лице с неустановена самоличност, изцяло върху обикновена хартия – без каквито и да е ръкописни отметки, без дата, адрес или печат (III 540 [602]; XXV 302-306; виж също негативните фотокопия, съхранявани в Хага).

Всичко това са много типични случаи. Документ PS-386 – така нареченият „протокол на Хосбах" – реч, както се твърди произнесена от Хитлер на 5 ноември 1938 г. е „заверено фотокопие" от „вярно с оригинала" копие на микрофилм (препечатано от някой американец) от „вярно с оригинала" копие, (съставено от някой германец) на неидентифицирани ръкописни бележки от речта на Хитлер, написани от Хосбах по памет 5 дни по-късно. Това не е най-лошият документ, а по-скоро един от най-добрите, тъй като знаем кой е изготвил едно от „копията". Текстът на документ PS-386 е допълнително „редактиран". (XLII 228-230)

Излиза, че „процесът, основан на документи" работи по следния начин: Лицето с неустановена самоличност А изслушва предполагаемите „устни изявления", дадени от лицето В и си води бележки или съставя документ въз основа на тези предполагаеми устни изявления. След това документът бива приложен към доказателствата, където не се използва срещу лицето А – направило копието, а срещу лица B, C, D, E и редица други лица въпреки факта, че нищо не ги свързва с този документ или предполагаемите твърдения. Впоследствие безсрамно се твърди, че „В е казал", „С е извършил", „D и E са знаели" и т.н. Подобна процедура е в противоречие с нормите на доказателственото право във всички цивилизовани страни. В допълнение – автентичността на тези документи дори не е проверена чрез свидетели.

До фалшифициране на оригинални документи в Нюрнберг рядко са прибягвали, тъй като документите изобщо не са представяни пред съда. „Оригиналният документ" – това е оригинално неподписано „копие", което се съхранява в сейф в центъра за документи (II 195 [224], 256-258 [289-292]).

След това 2 „фотокопия" на „копие" (V 21 [29]) или общо 6 „фотокопия" (II 251-253 [284-286]) се подготвят и представят на съда. Всички останали копия са направени на циклостил, използвайки шаблон (IX 504 [558-559]).

В стенограмите на заседанията думата „оригинал" се използва за обозначение на „фотокопията" (II 249-250 [283-284]; XIII 200 [223], 508 [560], 519 [573]; XV 43 [53], 169 [189], 171 [191], 327 [359]) с цел фотокопията да се разграничат от копията направени на циклостил. (IV 245-246 [273-274]).

„Преводите" на всички документи са на разположение от началото на процеса (II 159-160 [187-189], 191 [219-220], 195 [224], 215 [245], 249-250 [282-283], 277 [312], 415 [458], 437 [482-483]) само, че „оригиналните" немски текстове са се появили с не по-малко от два месеца закъснение. Това се отнася не само за сведения по делото, обвинителни актове и т.н., но и за всички документи като цяло. Защитата е успяла да получи документите на немски чак след 9 януари 1946 г. (V 22-26 [31-35]).

Документите, които са направени от по-горе приведената пишеща машина включват също и документ PS- 3803, „писмо" от

Калтенбрунер до кмета на Виена, както и писмото на кмета, с което той изпраща на Трибунала писмото на Калтенбрунер. (XI 345-348 [381-385]). Това „писмо" на Калтенбрунер съдържа неправилни географски термини. (XIV 416 [458])

Мартин Борман

Борман е обвинен в "преследване на църквата" и много други престъпления. Адвокатът му д-р Берголд посочва, че много съвременни държави (визирайки Съветския съюз) открито заявяват техния атеистичен характер и че заповедите забраняващи на свещениците да заемат високи партийни длъжности (в случая длъжности в нацистката партия) изобщо не трябва да се смятат за "преследване". Берголд казва: "Партията е наречена престъпна, заговорническа. Явява ли се тогава престъпление да не се разрешава участие на определени хора в престъпния заговор?" (V 312 [353]).

На съда бяха представени документи, в които Борман забранява преследвания на религиозна основа и в открит текст разрешава да се преподава религия. (XXI 462-465 [512-515]) В своите заповеди Борман изисква използването на пълните цитати от Библията – пропуски, промени или нарушения на текста са забранени. Църквата е получавала държавни субсидии до самия край на войната. Ограниченията за печатане на вестници по време на войната са наложени поради недостиг на хартия и се отнасят до всички вестници, а не само до религиозните. (XIX 111-124 [125-139]; XXI 262-263, 346, 534, 539 [292-293, 383, 589, 595]; XXII 40-41 [52-53]).

Адвокатът на Борман без особен труд доказва, че Борман не може да бъде осъден за извършване на каквото и да е углавно престъпление по законите на която и да е страна – точно както е ясно, че стенографите не могат да носят наказателна отговорност за всички подписани от тях документи. Не е било съвсем ясно до каква степен Борман е действал като обикновен стенограф или секретар. Но обвинението това малко го е интересувало и в крайна сметка Борман е осъден на обесване. Присъдата е трябвало да бъде приведена в незабавно изпълнение, независимо от многобройните доказателства според които Борман загива при експлозия на танк и едва ли се е намирал в цялостен вид, което по отношение обесването създава някои проблеми от практическо естество. (XVII 261-271 [287-297]).

Карл Дьониц

Дьониц е хвърлен в затвора за провеждане на „незаконна подводна война" срещу британците. Съгласно международното право всичко е въпрос на реципрочност според международните конвенции, които могат да бъдат прилагани само в условията на взаимност. По време на война най-добрата защита срещу едно оръжие е мощна контраатака със същото това оръжие. Англия, която е господарката на моретата и в двете световни войни поставя блокада, както и т.нар. система Navicert. Корабите на неутралните държави са спирани в морето, като са принуждавани да спират на британски пристанища, където са били претърсвани. Използвана е хитра формулировка – ако количеството храна, тор, вълна, кожа, гума, памук и т.н. – внасяни от някоя неутрална страна, превишава количеството необходимо за вътрешно потребление (според становището на самите британци) то това означава, че разликата е предназначена за изпращане на германците. В резултат на това корабът (и целия му товар) се конфискува и продава на търг, което също е нарушение на условията на всички британски договори по морско застраховане.

През 1918-1919 г. след сключването на примирието, британците в продължение на осем месеца продължават блокадата, за да принудят германците да ратифицират Версайския мирен договор. Това представлява грубо нарушение на условията на примирието и всички норми на международното право. В резултат на това, докато дипломатите изчакват – стотици хиляди германци умират от глад. Хитлер с право нарича това "най-голямото нарушаване на обещание за всички времена". Британците от своя страна твърдят, че блокадата е законна, но се извършва по напълно незаконен начин. (Виж: „1911 Encyplopaedia

Britannica", ст. „Neutrality"; „1922 Encyclopaedia Britannica", ст.ст. „Blockade", „Peace Conference"). По време на войната с Япония американците според собствените им твърдения – още от първия ден на войната „потапят всичко, което се движи".

Неутралните страни – включително Съединените щати се оплакваха, че това нарушава техния неутралитет, но въпреки това направиха отстъпки и се подчиниха на желанията на британците в нарушение на своя неутралитет. А държава – позволяваща си да нарушава своя неутралитет може да се смята за воюваща. Британците никога не ратифицират петата Хагска конвенция за правата на неутралните страни от 18 октомври 1907 г., но въпреки това те смятат, че за германците и японците условията и са задължителни – независимо от факта, че Конвенцията съдържа клауза за всеобщо участие, съгласно която е невалидна, ако в конфликта участва страна – неподписала конвенцията.

През 1939 г. в Атлантическия океан Германия има само 26 годни за работа подводници, което е една пета от подводниците само на Франция. В допълнение – немските подводници са много по-малки от подводниците на другите страни. А контраблокада срещу Англия е можела да се подържа само ако се дава на неутралните държави предупреждение да не се плава във водите около Британските острови. За британците това е „престъпление".

Много от тези 26 подводници по това време са били на ремонт – така че в течение на няколко месеца за плаване са били годни само 2-3 подводници. Също така е ясно, че под водата плавателните съдове не могат да извършват обиск и изземване, както правят корабите на повърхността. При изплуване на повърхността подводницата става на практика беззащитна дори от най-малките оръдия, инсталирани на някой търговски кораб. Да не говорим за радио, радар и авиация.

В Нюрнберг британците заявяват, че германските подводници са били длъжни да излизат на повърхността и да уведомяват надводните съдове за намерението си да проведат претърсване. След това германците е следвало да изчакат на повърхността докато корабът започне бойни действия и едва след това те биха могли (вероятно с оръдията монтирани на палубите на подводниците) да го потопят. След това, те е трябвало да вземат десетки или стотици оцелели членове на екипажа на борда на подводницата (където те ще бъдат в много по-голяма опасност в сравнение с каквато и да е спасителна лодка) и да ги отведат до най-близката суша. Ако при това се появят британски самолети и потопят подводницата, в резултат на което загинат и членовете на екипажа на надводния кораб се е смятало, разбира се, че са „убити" от немците.

Нито една международна конвенция не изисква нещо подобно, а и нито една държава не воюва по подобен начин. Отчитайки, че операцията по спасяване на бедстващите прави подводницата беззащитна и често води до нейната и на целия и екипаж гибел – Дьониц забранява всички спасителни операции. Това беше наречено „унищожаване на оцелелите". Впрочем, в присъдата това обвинение не е включено.

Дьониц също е обвинен, че призовава германския народ на безсмислена съпротива – престъпление, което между другото е извършил и Уинстън Чърчил. На това Дьониц отговаря – „Беше много болезнено, че нашите градове продължаваха да бъдат унищожавани от бомбардировките, които вземаха все нови и нови жертви. Броят на загиналите като резултат от това бяха 300 000 – 400 000 души – повечето, от които загинаха при бомбардировката на Дрезден, която не може да бъде оправдана от военна гледна точка и която не можеше да бъде предвидена. Въпреки това, тази бройка е относително малка в сравнение с милионите германци – войници и цивилни, които щяха да умрат на Изток, ако бяхме капитулирали през зимата". (XIII 247-406 [276-449]; XVIII 312-372 [342-406]).

Ханс Франк

Франк е обвинен в стотици антисемитски изявления, направени от него в т. нар. „дневник". В този „дневник" – състоящ се от 12 000 страници има само една страница, подписана от Франк. В допълнение – там съществуват и стотици хуманни изявления, които обаче бяха игнорирани (XII 115-156 [129-173]). Антисемитските изявления бяха подбрани от руснаците и бяха включени в отделен малък документ – PS-2233, който е прибавен към доказателствата и неизменно наричан „Дневникът на Франк".

Истинският „дневник", който се състои от 12 000 страници се състои от резюмета (не дословни протоколи или стенограми) на конференции, на които често едновременно са говорили 5 или 6 човека, което е внасяло известно объркване – не винаги е могло да се разбере на кого принадлежи едно или друго изказване. (XII 86 [97-98])

Франк предава своя „дневник" на американците с убеждението, че той ще стане доказателство за неговата невинност тъй като в речите си той с голям личен риск протестира срещу незаконните – според него, действия на Хитлер и 14 пъти се опитвал да подаде оставка. (XII 2-114 [8-128]; XVIII 129-163 [144-181])

След прочитане в чуждестранната преса на редица статии за съветския „Процес Майданек" Франк решава, че злодеянията в немските концентрационни лагери са били извършвани (XII 35 [43]). А що се отнася до Аушвиц – той не е част от територията – контролирана от Франк.

Франк е видял своята мисия в създаването на една независима съдебна система на националсоциалистическата държава и в крайна сметка решил, че тази мисия е невъзможна. В реч от 19 ноември 1941 Франк заявява – „Законът не трябва да бъде сведен до ниво, където той става предмет на договаряне. Законът не може да бъде продаден. Или го има или го няма. Законът не трябва да се търгува на борсата. Ако законът не намира подкрепа, то държавата губи своята морална опора и се потапя в бездната на мрака и ужаса".

Незаконните действия на Хитлер никога не са включвали „закон пост фактум" – в три случая наказанието е било наложено със задна дата (XVII 504 [547]).

Предполагаемото плячкосване на произведения на изкуството, в която се твърди участието на Франк ще бъде обсъдено в главата за Розенберг.

Вилхелм Фрик

Фрик е обесен за „германизацията" на жителите на Познан, Данциг, Западна Прусия, Ойпен, Малмеди, Судетите, Мемеланд и Австрия. Всички тези територии с изключение на Австрия са принадлежали на германската империя и са били отделени от Германия в резултат от Версайския договор. В допълнение – всички тези области, без да се брои френокоезичната Малмеди, са германоезични. По отношение на Австрия – след 1919 година тя е изпитвала големи икономически трудности и австрийците са поискали присъединяване към Германия чрез гласуване. В отговор Съюзниците заплашват, че ще отрежат Австрия от всякакви хранителни доставки (XVIII 55 [66]; XIX 360 [397]).

Друго престъпление – извършено от Фрик е убийството 275 000 психично болни съгласно „доклад" на чехословашката „Комисия за военни престъпления".

Точно както Гьоринг – и Фрик е обвинен за съществуването на концентрационните лагери. В негова защита се посочва, че законите за „превантивно задържане" са били приети както в Германия, така и в Австрия още преди идването на националсоциалистите на власт. В Австрия законът се нарича „Anhaltehaft" и чрез него в затвора са били хвърлени хиляди националсоциалисти (XXI 518-521 [572-576]). В Германия законът за превантивно задържане съществува под името „U-haft (Untersuchungshaft)".

В окончателната присъда в един от най-големите процеси над служители в Дахау – този на „Готфрид Мартин Вайс и 39 други" („Trial of Martin Gottfried Weiss and Thirty-Nine Others", „Law Reports of Trials of War Criminals" Т. XI, стр. 5, публикувано от ООН) се съдържа следното изречение – „В делото за концентрационния лагер Маутхаузен обстоятелствата в основата си са такива, че броят на жертвите е много по-голям, тъй като масовите убийства (в Маутхаузен) са извършвани с помощта на газова камера".

Дали това е признание, че в Дахау е имало газови камери? Съгласно сборникът от съдебни материали „Law Reports of Trials of War Criminals" на нито един процес срещу служители на Дахау не е доказано съществуването на газови камери.

По отношение процеса над Мартин Готфрид Вайс и 39 други, към доказателствата в Нюрнберг е прикачен като „вярно с оригинала" копие документ PS-3590, но по-горе приведената фраза е изтрита. (V 199 [228]) Показанията за масовите убийства с газ в Дахау се съдържат в три документа: PS-3249 (V 172-173 [198]; XXXII 60), PS-2430 (XXX 470) и L-159 (XXXVII 621).

Франц Блах – свидетел, който даде писмени показания за „масови обгазявания в Дахау" – документ PS-3249 (съставен от Даниел Л. Марголис – също замесен в подправяне на трите речи на Хитлер, XIV65 [77]) обвинява Фрик, че е посещавал Дахау. Фрик отрече това обвинение и поиска Блах да бъде призован пред съда за извършване на очна ставка. На Фрик е отказано. Изглежда, че той се примири с това решение – така и не даде показания. Заключителната реч на адвоката му се вижда в XVIII 164-189 [182-211].

Що се отнася до Франц Блах – пламенен комунист – през 1961 г. става президент на Международния комитет на бивши затворници от Дахау и продължава да твърди, че е станал свидетел на масови обгазявания и лично е изработвал панталони и други изделия от човешка кожа.

Процесът на Готфрид Мартин Вайс се съхранява на шест ролки микрофилм (MII 74) във вашингтонския Националния архив. Материалите от предварителното съдебно разследване отнасящи до „газовата камера" в Дахау (доклад, чертеж, глава на душ (ролка №1)) така и не са били прикрепени към доказателствата и не са включени в окончателните веществени доказателства на процеса. (ролка № 4) В стенограмите от съдебните заседания (ролки № 2 и 3) няма нито едно споменаване на газови камери в Дахау, с изключение на няколко изречения от показанията на Блах (том 1, стр. 166-169).

Що се отнася до „човешката кожа" се оказва, че това е кожа от къртица (Том 4, стр. 450, 462, 464).

Ханс Фритче

Прочитайки едно писмо Фритче се убеждава, че в Съветския съюз се извършват масови убийства и се опитва да го провери. Той обаче не успява да намери никакви доказателства за това (XVII 172-175 [191-195]). Фритче е изключително важен подсъдим тъй като в случая с него е допуснато, че чуждестранната преса публикува много невярна информация за Германия (XVII 175-176 [194-196]; XVII 22-24 [30-33]). Въпреки това вестникарските статии, предаванията по радиото, както и съобщенията от подобен род са съставлявали „общоизвестните факти", които по силата на устава на Трибунала не изискват доказателства (Чл. 21 от правилата за доказателства, I 15 [16]; II 246 [279]).

Защитниците на Фритче посочват, че не съществува международна конвенция регулираща пропагандата или разказите за зверства – верни или не и че законът на само една държава (Швейцария) забранява обида на чуждестранен държавен глава. Но това, че Фритче наистина е можело да бъде виновен в някакво престъпление в Нюрнберг се считало за не толкова важно. Главното е било да се предотврати „процес" в който всички подсъдими ще бъдат осъдени. Като следствие на тази задкулисна сделка, преди произнасянето на окончателна присъда беше договорено, че Фритче може да бъде оправдан.

За Фритче: XVII 135-261 [152-286]; XIX 312-352 [345-388].

Валтер Функ

Функ е пианист-класик от високо уважавано артистично семейство, женен от 25 г. преди процеса и е бивш финансов ревизор. Както и повечето обвиняеми, Функ е обвинен в извършване на „неморални действия" като например приемането на подаръци за рожден ден от Хитлер – доказващи неговото „доброволно участие в общ план" (Очевидно е, че такива действия не са незаконни).

Функ твърди, че британците и поляците са се договорили да вкарат Германия във война с надеждата, че Хитлер ще бъде свален от германските генерали (XIII 111-112 [125-126]).

Функ е обвинен в заговор със СС – да се убиват затворниците от концлагерите, за да се финансира военната индустрия с изтръгнатите им златни зъби. Изтръгнатите зъби са били съхранявани в трезора на Райхсбанк заедно с инструменти за бръснене, писалки, будилници и други безполезни боклуци. Прокуратурата изглежда забравя, че според показанията на коменданта Рудолф Хьос златните зъби са претопявани в Аушвиц. (XI 417 [460])

Функ свидетелства, че броя и вида на плячката са „абсурдни" и посочи, че СС са действали като митническа полиция и са следели за съблюдаване правилата на валутния контрол – включващи забрана за притежаване на злато, сребро и валута. Това е съвсем естествено, тъй като СС трябва да конфискува голям брой ценности и че като правителствена агенция има финансови сметки и трезори където наред с други неща се съхраняват и скъпоценности. Германските граждани също съхраняват скъпоценности в трезорите на Райхсбанк, до които СС не са имали достъп, тъй като това са частни депозити.

Със зачестяването на бомбардировките обикновените немски граждани започват да депозират за съхранение в банката всички по-ценни предмети. В крайна сметка, след едно особено опустошително нападение на сградата на Райхсбанк ценностите са преместени в Тюрингия в мина за добив на калий. Там ценностите са открити от американците, които заснемат с тях лъжлив филм. Функ и неговият адвокат доказват недостоверността на филма разпитвайки свидетел на обвинението, като този разпит е един от най-вълнуващите кръстосани разпити от целия процес (XIII 169 [189-190], 203-204 [227-228], 562-576 [619-636]; XXI 233-245 [262-275]).

Точно толкова бързо са опровергани и нелепо написаните показания на Освалд Пол – документ PS-4045 – в който Функ се обвинява, че по време на една вечеря (в присъствието десетки хора – включително сервитьори) обсъжда използването на златни зъби от убити евреи за финансиране на оръжейната индустрия (XVIII 220-263 [245-291]). Това показание е на немски и е подписано от Робърт Кемпнер в качеството на свидетел. Впоследствие Пол е осъден на смърт за убийството на хора с пара в 10 „парни камери" в Треблинка и производство на изтривалки от косата им (NMT IV 1119-1152, четвърти малък Нюрнбергски процес).

Както и другите подсъдими Функ вярва, че „престъпления срещу човечеството" наистина са се извършвали, но продължава да твърди, че не е знаел нищо за тях. Убеждението, че едно престъпление се е случило, само по себе си не доказва, че това убеждение е вярно.

Курт Герщайн

Курт Герщайн често е наричан свидетел на Холокоста, но това не е правилно. Под „свидетел" обикновено се разбира лице, което е видяло някакво събитие и се явява в съда, за да свидетелства, въз основа на личните си познания. Герщайн не го е правил. Герщайн е лице, което не е давало писмени показания под клетва – с други думи той е просто име, което се появява в края на „показанията" написани на пишеща машина на френски език, който той може да е съставил, но може и да не е съставил (документ PS-1553, отхвърлен на Нюрнберг) (VI 333-334 [371-372], 362-363 [398-399]).

Една от историите за Герщайн е, че е съставил своите знаменити показания докато е бил във френския затвор Cherche-Midi, след което се е самоубил, а тялото му мистериозно изчезва без следа.

Но далеч по-вероятно е, че дадените показания са били направени на френски от следовател и „преводач" – немски евреин и че някои противоречия – срещащи се в текста (например зимата през август месец или една кола, която в следващото изречение се превръща във влак) са причинени от небрежния превод на разпитите при прехвърлянето им под формата на писмени показания. В по-маловажните, а както и при японските процеси за военни престъпления подобни „писмени показания" – без да са под клетва са нещо обичайно. Смятало се е, че те имат „доказателствена стойност", но по-малка от „стойността" на свидетелските показания, дадени под клетва. Не е изключено и това, че Герщайн е починал от наранняванията, получени по време на разпитите или се е обесил на лента от пишеща машина.

„Показанията" на Герщайн по-късно са широко цитирани в процеса срещу Освалд Пол, на който процес е „доказано", че в Треблинка е имало 10 „газови камери" (PS-1553) и 10 „парни камери" (PS-3311) – всичките в един лагер и по едно време.

Г. М. Гилбърт

Един от най-известните изводи за поведението и психическото състояние на подсъдимите в Нюрнбергския процес може да се намери в книгата на психолога Гюстав Марк Гилбърт (син на еврейски имигранти от Австрия) – „Нюрнбергският дневник". Голяма част от материала се състои от разговорите, които ответниците и други лица (като комендантът на Аушвиц Рудолф Хьос) са водили с Гилбърт или помежду си (!) и които Гилбърт по-късно е възпроизвел по памет.

Сравнявайки текстовете на Гилбърт със стенограмите от съда в Нюрнберг се вижда, че подсъдимите са говорили съвсем не в стила, който Гилбърт им приписва. Освен това по време на предполагаемите разговори Гилбърт не си е водил никакви бележки и не са присъствали никакви свидетели.

Тези, които вярват, че документи PS-1014, PS-798 и L-3 са „речи на Хитлер" (поне в сравнение с документ RA-27) напълно могат да повярват, че книгата на Гилбърт съдържа „изказвания на подсъдимите от Нюрнберг". Въпреки това не е изключена възможността, че може да са направили изявления подобни на тези, за които както се твърди, по-късно си е „спомнил" Гилбърт.

Гилбърт вярва, че обвиняемите са обгазявали милиони евреи. Ако в този случай те не чувстват вина за действията си означава, че са „шизофреници". Очевидно е, че подобно убеждение не може да не засегне възприятията и паметта на Гилберт до известна степен дори и да приемем, че той казва истината както я помни. Ако той лъже то далеч не е единственият „американец", който е лъгал в Нюрнберг. Например Телфорд Тейлър (ръководител групата на адвокатите за „военни престъпления" по време на Нюрнбергския процес) не е в състояние правилно да повтори дори най-простите цитати. (сравнете изявленията на генерал Манщайн (XX 626 [681-682]) с „цитатът", приведен от Тейлър (XXII 276 [315])).

Най-доброто доказателство за нечестността на Гилбърт е записът от 14.12.1945: *„Майор Уолш продължи да чете документалните доказателства за унищожението на евреи в Треблинка и Аушвиц. В един полски документ се казва: „Всички жертви е трябвало да свалят дрехите и обувките си, които се складирали отделно място. След това всички жертви (на първо* *място – жени и деца) се вкарвали в камерата на смъртта. ... Малките деца просто са били хвърляни вътре"*. (стр. 69, 1-во издание).

„Писмените доказателства" посочени по-горе не са нищо друго освен „съобщения за военни престъпления", съставени комунистите а „камерите на смъртта" са разбира се „парни камери„(III 567-568 [632-633]).

Херман Гьоринг

Гьоринг е обвинен в създаването на система от концентрационните лагери и планиране на „агресивна война" срещу Полша. В своя защита Гьоринг заявява, че Германия е суверенна държава – призната от всяко правителство в света (XXI 580-581 [638-639]), че Хитлер е избран по законен път и всяка държава има право да прави такива закони и провежда такива действия, каквито сметне за необходимо, че генерал фон Шлайхер (канцлер декември 1932 г. – януари 1933 г.) се е произнасял в нарушение на закона и на конституцията – без подкрепата на националсоциалистите, че през 1933 г. Германия е на прага на гражданска война, че концентрационните лагери са изобретени от британците в англо-бурската война и че интерниране на гражданите от вражеските държави и политическите опоненти през Втората световна война е практика и във Великобритания и в Съединените щати.

Няма никакво съмнение, че заповедта за създаването на концентрационните лагери в Германия е законна – тя се основава на един член за извънредни ситуации от Ваймарската конституция и е подписана от Хинденбург. (Постановление на райхспрезидента от 28 февруари 1933) в съответствие с чл. 48, параграф 2, на Ваймарската конституция (XVII 535 [581]; XIX 357 [394]).

Според документ R-129 (III 506 [565-566]) – представен от прокуратурата, през 1939 г., броят на лишените от свобода във всички немски лагери общо съставлява 21 400 души. 300 000 са въдворени в обикновени затвори (XVII 535-536 [581-582]; XX 159 [178]).

Една година след края на войната в съюзническите лагери за интернирани лица на основание точки за „автоматично задържане под стража" от съюзническите споразумения (например параграф Б-5 Съвместна потсдамска декларация) са задържани 300 000 германски граждани. (XVIII 52 [62])

Преди войната повечето от обитателите на немските концентрационни лагери са комунисти и обикновени престъпници (XVII 535-536 [581-582]; XXI 516-521 [570-576], 607-614 [677-685]). По време на войната поради блокадата на съюзниците, системата на концентрационни лагери е разширена, за да се използва труда на враждебните чужденци, престъпниците, свидетелите на Йехова и комунистите. Между другото, както е посочено в Нюрнберг, по същия начин в затворите на САЩ е имало 11 000 души от Свидетелите на Йехова (XI 513 [563]).

В двете световни войни Великобритания прилага блокада срещу Германия и всички окупирани от нея територии, с което грубо нарушава нормите на международното право (XIII 445-450 [492-497]; XVIII 334-335 [365-367]). С цел предотвратяване на масов глад германските власти са принудени да въведат в окупираните области реквизиции и трудова повинност, което между другото е законосъобразно съгласно член 52 от 4-тата Хагска конвенция за сухопътна война от 18 октомври 1907 г. Работещите дори са се радвали на възможността да работят в Германия от където те прехвърляли на своите семействата пари от заплатите си (паричните преводи по време на войната съставлявали между 2 и 3 млрд. райхсмарки).

Така наречените „роби" са плащали данъци и е можело да бъдат наказвани с глоби в размер ненадвишаващ една седмична заплата (V 509 [571]). За сериозни дисциплинарни нарушения чуждестранните работници е можело да бъдат изпратени в трудов лагер (да не се бърка с концентрационен) за период не по-дълъг от 56 дни (XXI 521 [575-576]). Побоят и малтретирането на работниците са били строго забранени.

Военнопленниците са могли да претендират за освобождаване от лагера за военнопленници и да си намерят работа в индустрията – в който случай те се третират като всички останали работници в промишлеността (XVIII 496-498 [542-544]), но в този случай губят закрилата на Женевската конвенция относно третирането на военнопленници. Това е правено единствено по собствена воля.

Вишисткият режим във Франция е договорил освобождаване и незабавно връщане в родината по един военнопленник срещу трима работници – изпратени в Германия на работа по договор за период от шест месеца (XVIII 497 [543]). Трябва да се подчертае, че е просто невъзможно да се нарушава Женевската конвенция за военнопленниците – принуждавайки френските, белгийските или холандските военнопленници да участват във военните действия срещу собствените си страни по простата причина, че страните им вече са излезли от войната (XVIII 472-473 [516]).

Що се отнася до нападението над Полша, то полската криза възниква повече от година преди съветско-германския пакт за ненападение и инвазията на германските и съветските войски в Полша. За цялото това време поляците не са се обърнали към безпристрастния Съд за международен арбитраж или Обществото на народите, тъй като на тях не им е трябвало решение, което да е справедливо за всички страни. Те биха били доволни и по-нататък да нарушават своите международни споразумения, изгонвайки полските граждани с германска националност, както и стотици хиляди евреи (XVI 275 [304]).

Според много обвиняеми и свидетели на защитата масовият приток на полски евреи в Германия е била една от основните и непосредствени причини за немския антисемитизъм (XXI 134-135 [155]; XXII 148 [169]). Полски евреи са били замесени в различни финансови скандали и измами, като например аферата „Barnat-Kutitsky" (XXI 569 [627]).

Що се отнася до „заговор за провеждане на война в нарушение на международното право" – то тези, които действително са постъпили така са англичаните със своите въздушни атаки. Германските войници влизат в битка с подробни писмени инструкции, според които собствеността на хората трябва да се уважава, военнопленниците трябва да бъдат третирани хуманно, жените също трябва да бъдат уважавани и т.н. и т.н. (IX 57-58 [68-69], 86 [100-101]; XVII 516 [560]).

Германците често са провеждали военно-полеви съдилища в резултат, на които много германски войници и офицери са осъждани на смърт за изнасилване или грабеж, дори и когато стойността на откраднато имущество е относително ниска (XVIII 368 [401-402]; XXI 390 [431]; XXII 78 [92]). Изземването на държавна собственост е законно съгласно Хагската конвенция. СССР между другото не е подписал конвенцията. Във всеки случай в комунистическите страни не е имало частна собственост. Гьоринг заявява, че е бил в Русия и там просто няма какво да се краде (IX 349-351 [390-393]). Освен това в момента на Нюрнбергския процес съюзниците правят всичко това, за което обвиняват германците (XXI 526 [581]; XXII 366-367 [418-420]).

Гьоринг отхвърля обвинението в „медицински експерименти с барокамера" казвайки, че всички пилоти трябва да изпитат своите физически реакции на голяма надморска височина. В камерата няма нищо зловещо (XXI 304-310 [337-344]). Самите американци провеждат медицински експерименти завършвали със смърт – включително и по време на Нюрнбергския процес (XIX 90-92 [102-104]; XXI 356, 370 [393, 409]).

Трибуналът иронично заявява, че отбранителната война може да включва превантивно нападение (XXII 448 [508]), както и нападение с цел защита на граждани на друга държава срещу собственото им ръководство (XIX 472 [527]; XXII 37 [49]), с изключение на случая, когато го правят германците (X 456 [513]). Протестите, че точно това са правили и немците са игнорирани.

СССР е натрупал по съветско-германската граница 10 000 танка и 150 дивизии като е увеличил и броя на летищата в граничната зона от 20 на 100. В последствие са намерени подробни карти – непригодни за отбранителни цели. Германското ръководство решава, че да седи и да чака Червената армия да атакува петролните полета на Румъния или въглищните басейни на Силезия се явява самоубийство (XIX 13-16 [20-23]; XX 578 [630-631]; XXII 71 [85]).

Изглежда малко вероятно държави с големи колониални владения (Великобритания, Франция) или с претенции по цялото полукълбо (САЩ) да могат да се споразумеят за работеща дефиниция на „агресивна война". В действителност – в решението на Нюрнберг беше признато, че понятия за „отбрана", „агресия" и „конспирация" така и не са определени (XXII 464, 467 [527, 531]). Без съмнение „отбранителна война" не е нищо друго освен средновековния принцип „победителят винаги е прав", но преформулиран в либерален жаргон (IX 236-691 [268-782]; XVII 516-550 [560-597]; XXI 302-317 [335-351]).

Рудолф Хес

Според доклад на Робърт Джаксън (цитиран от съдия Бърт Рьолинг от Токийският процес в „Трактат на международното наказателно право", том 1, стр. 590-608) в Нюрнберг британците, французите и руснаците по напълно разбираеми причини не искат да обвиняват германците във водене на „агресивна война". Тази точка от обвинението е измислена от американците единствено с цел да оправдаят многобройните американски нарушения на международното право. Тези нарушения включват ленд-лиза, съпровождането и ремонтът на британските военни кораби още две години преди Пърл Харбър, даденото на британците разрешение да маскират своите кораби като американски в момент когато САЩ официално поддържат неутралитет, незаконното обявяване на зона от 300 мили ограничаваща териториалните води на САЩ, окупацията на Исландия, докладване на англичаните за движението на немските и италианските подводници, бомбардирането и тараните на немски и италиански подводници започнало юли 1941 г., както и други действия, представляващи ясни признаци на „агресивна война".

Така Хес е хвърлен в затвора за 46 години за действия, които не само не са били незаконни (опитва да се спре войната, да се спаси живота на милиони и да се предотврати унищожение на Европа и Британската империя), но също така и за „престъпления", които са измислени с цел да се прикрият престъпленията на неговите обвинители.

В Нюрнберг не се твърди, че Германия е извършила акт на агресия срещу Англия или Франция, така че логично произтичащия оттук въпрос дали Великобритания и Франция не проявяват акт на агресия срещу Германия остава без отговор (IX 473 [525]; XVII 580 [629]). Хес е обвинен в заговор за това, че се е наговорил с Хитлер да излезе от войната с Англия, така че да може да се нападне СССР. В защитата си Хес отговаря, че действията му са били продиктувани от искреност и за подготвящото се нападение над Съветския съюз не е знаел нищо.

Заключителната реч на адвоката на Хес вижте тук: XIX 353-396 [390-437]. От последните думи на Хес (единственото му устно заявление в рамките на процеса XXII 368-373 [420-425]) е ясно това – човек, който изглежда напълно луд, може изведнъж да стане невероятно разумен, здравомислещ и последователен, както и обратното. Напълно е възможно до това състояние да е достигнал по време на задържането му в Англия.

Рудолф Хьос

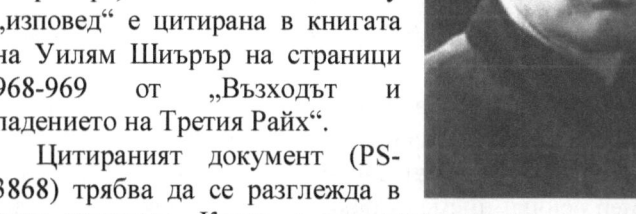

Рудолф Хьос — бивш комендант на Аушвиц прави „признания" „доказващи", че Хитлер е обгазил шест милиона евреи (или 5 000 000 – стандартното число използвано в Нюрнберг). Най-известната му „изповед" е цитирана в книгата на Уилям Шиърър на страници 968-969 от „Възходът и падението на Третия Райх".

Цитираният документ (PS-3868) трябва да се разглежда в своя контекст. Както е известно писменото „заявление" или клетвена декларация (т.е., изготвено в присъствието на само една от страните) е основното оръжие на обвинението в средновековните процеси над вещиците. След това то изчезва, за да се прероди след няколко столетия в съветските показни процеси и процесите за военни престъпления.

Тези документи нарушават редица стандартни правила на правната процедура. Сред тях – забрана за подвеждащи въпроси, забрана за предоставяне на по-предишни изявления които са в съответствие едно с друго, (т. е. забрана за разпространението на доказателства чрез повторение. Подобни изявления по принцип са позволени само когато противоречат на други изявления – направени по-късно) правото да се провежда очна ставка, правото да се поставят на кръстосан разпит и свидетелите на обвинението, забрана за самообвинение – т.е. да се дават неблагоприятни за себе си показания.

В допълнение „доказателствата" – представени на процесите над „военнопрестъпниците" биха били отхвърлени от всеки военнополеви съд. Дори през 1946 г. прибавянето от прокуратурата на показания към материалите по дело на военнополеви съд в случай на престъпление, за което може да бъде дадена смъртна присъда е било забранено с член 25 от Военно-съдебния кодекс на САЩ. Член 38 от своя страна изисква използването на стандартни федерални правила за доказателствата. По отношение на посочения по-горе документ беше очевидно, че не е съставен от Хьос. В противен случай в него нямаше да пише „Разбирам гореизложеното на английски", а нещо като „Това изявление е написано лично от мен".

На по-малките процеси за военни престъпления (Хадамар, Нацвайлер и др.) обичайни са „самопризнанията" изцяло написани с почерка на следователя на английски език в края, на които стои заявление на задържания на немски, че това са негови показания и че той е напълно удовлетворен от превода на английски език! Среща се и такава формулировка (на английски): „Потвърждавам, че гореизложеното ми е било прочетено на немски – моят роден език. (Максуел-Файф „War Crimes Trials" томът – посветен на процеса на Хадамар, стр. 57).

Заявено е, че разпитът на затворници се провежда под формата на въпроси и отговори, след което въпросите се заличават, а отговорите на разпитвания са записвани на отделен лист под формата на писмени свидетелски показания и като правило се е вършело от човек – различен от следователя – провел разпита. В Белзен например всички писмени показания са подписани от едно и също лице – майор Смолууд. На процеса, в който обвиняемите са били служители на Берген-Белзен и Аушвиц, назначеният от съда британско-полски екип на защитата разруши всички точки от обвинението – включително „селекциите за газовите камери", но техните аргументи бяха отхвърлена на основание, че изявленията са несъзнателни писмени и устни показания и се приемат не „за да се съди невинния, а за да се осъди виновния" („Law Reports of Trials of War Criminals", т. 2. Заслужава си този малък том да се прочете целия). След като специалният служител състави писмените показания, предава на затворника окончателната форма за подпис. Затворникът и да не е подписал показанията, то все пак те са се появявали като доказателство в съда.

Изразявайки се в жаргона на процесите на „военнопрестъпници" – възражение може да се направи само по отношение на „тежестта" на документа, а не за неговата „допустимост". Пример за неподписани писмени показания на Хьос е документ, NO-4498-В. Буква „В" означава, че документът е „превод" (с подпис на пишеща машина) на „оригиналния" документ NO-4498-А, съставен на полски и както се твърди – подписан от Хьос. Има документ NO-4498-С на английски език. Към показанията В – така че нареченото „вярно с оригинала" копие, документи А и С не са включени. Приведеният от Шиърър документ PS-3868 трикратно е подписан в английската версия, но нито веднъж във версията на немски – „преведена" три дни по-късно. В документа има една малка промяна – подписът с инициали Хьос, (с малко „h") както и целия документ е написан с почерка на следователя (това може лесно да се види от сравняване на главното „W") и не е подписан от Хьос. В първия случай инициалите са представени като доказателство, че Хьос е „прочел и коригирал" документа. Що се отнася до изявлението, написано на ръка, то е опровергано другаде (XXI 529 [584]).

Когато клетвена декларация се представя за подпис на затворник, то често е значително коригирана – в резултат, на което се появяват две или повече версии на един и същ документ. В такива случаи се привежда най-дългата версия, като по-кратките са се „загубвали". Като пример за тази практика може да послужи документ D-288 – писмените показания под клетва на Вилхелм Йегер (Шиърър също така се позовава на тях в своята работа „Изгревът и залезът на Третият Райх" – виж глава „Алберт Шпеер"). Йегер заявява пред съда, че е подписал 3 или 4 копия на един и същи документ, който е бил много по-кратък. Най-кратския вариант е представен за първи път срещу възрастния Круп преди да са били свалени от него всички обвинения. Що се отнася до най-дългата версия, преводът на английски език датира преди датата на подписването на „оригинала". Явяването на Йегер в съда е истински провал за прокуратурата, но те бързо забравят за това. (XV 264-283 [291-312]) Изобщо – ако лицето, подписало писмени показания (представени от прокуратурата) свидетелства в съда в противоречие със своето писмено свидетелство, то противоречията просто се игнорират.

Сред лицата, чиито подписи стоят под свидетелски показания и с появяването си пред съда са предизвикали катастрофален ефект са генерал Вестхоф, чиито показания на 27 (!) места противоречат на неговите неподписани „показания" (XI 155-189 [176-212]) и „свидетелят за използването на бактериологически оръжия" – Шрайбер (XXI 547-562 [603-620]). Писмените показания на преводача на Хитлер – Паул Шмид (документ PS-3308 – връчени му за подпис, когато той е твърде болен, за да ги прочетете внимателно) са частично опровергани от самия Шмид (X 222 [252]), но въпреки това документът е бил използван като доказателство за вина срещу фон Нойрат (XVI 381 [420-421]; XVII 40-41 [49-50]). Ернст Заукел подписва по принуда клетвена декларация (XV 64-68 [76-80]) – написана още преди да го докарат в Нюрнберг. (Следователите заплашват да изпратят съпругата и десетте му деца на руснаците или поляците).

Като се има предвид, че на всички тези процеси подсъдимите или свидетелите на обвинението рядко са съставяли собствените си „изявления" (ако изобщо са съставяли!), често могат да намерят същите или почти същите изрази или дори цели параграфи в различни документи, въпреки че са изготвени в различни дни и както се предполага – от различни хора. Такива се явяват писмени декларации 3 и 5 на Бласковиц и Халдер, (веществени доказателства 536 и 537-US – САЩ) документите СССР – 471, 472 и 473, документи СССР – 264 и 272 (клетвени декларации за сапун от човешка мазнина).

Наред с другите показания подписани от Хьос е документ NO-1210, в който отначало върви текст на английски език – с много вмъквания, допълнения и корекции – в това число по две различни чернови на стр. 4 и 5, а след това е преведен на немски и подписан от Хьос. С други думи – „преводът" е „оригинал", а „оригиналът" е „превод".

Документ 749 (b) D е „преведен устно" от английски на немски на Хьос преди да го подпише. Подписът е много размит и нечетлив, което предполага възможно неразположение, умора или мъчения. Изтезанията, на който е бил подложен на Хьос са подробно описани в книгата на Рупърт Бътлър „Легионите на смъртта (Rupert Butler, „Legions of Death"). Що се отнася до „признанията" на Хьос направени на 1 Април 1946 г. (цитирани от сър Дейвид Максуел Файф) в които Хьос „признава" убийството на 4 милиона евреи (X 389 [439-440]), вместо обичайните 2,5 милиона (който той „признава" на 5 Април 1946) в последствие се оказва, че или никога не са съществували или са били „изгубени".

Също така не е вярно, че показанията на Хьос пред Нюрнбергския трибунал се свеждат главно до потвърждаване на писмените му показания – това е вярно само за кръстосания разпит, проведен от полковника от американската армия Джон Амин. В действителност Хьос се явява в съда, за да свидетелства и както обикновено, невероятно противоречи на своите писмени показания, както и на самия себе си (XI 396-422 [438-466]). Например – в писмените показания се говори (XI 416 [460]): „Ние разбирахме, че хората са мъртви, тъй като техните писъци спряха" (явна е абсурдността от токсикологична гледна точка), докато при устните си показания Хьос казва (в отговор на изключително неуместен подвеждащ въпрос от „адвокатът" на Калтенбрунер XI 401 [443]), че хората са губели съзнание – така че остава загадка как Хьос всъщност е разбирал, че жертвите са мъртви. Хьос забравя да каже, че отравянето на насекоми с помощта на

Циклон-Б отнема поне два дни – за което той споменава и на други места (виж документ NI-036, стр. 3, текст на немски, отговорът на въпрос 25, както и „автобиографията" на Хьос – „Kommandant in Auschwitz", стр. 155). При използването на такава бавнодействаща отрова върху хора – много преди това те биха умрели от задушаване.

Хьос твърди, че заповедта за унищожаването на европейското еврейство е устна (XI 398 [440]), а заповедите убийствата да се държат в тайна – писмени (XI 400 [442]). Освен това заявява, че труповете в Аушвиц са били изгаряни в ями, (въпреки че е известно, че Аушвиц е разположен в блатиста местност XI 420 [464]) както и че златните зъби са претопявани на място (XI 417 [460]). В допълнение Хьос съобщава, че евакуацията на концентрационните лагери с цел да не се допусне попадането на затворниците в ръцете на Червената армия е довела до ненужни смъртни случаи (XI 407 [449-450]) и почти никакви убийства по програма за унищожаване не е имало!

Ето един много интересен пасаж: „Преди започването на войната през 1939 г. условията за изхранване и за лечение на затворниците в лагерите са същите, както във всеки друг затвор или място за лишаване от свобода в Райха. Със затворниците са се отнасяли строго, но за методични побои или малтретиране и дума не може да става. Райхсфюрера (Химлер) многократно издава нареждания, в които се предупреждава, че всеки SS-овец, който вдигне ръка на затворник – ще бъде наказан. И действително наказанията на SS-овци за лошо отношение към затворниците са често явление. В същото време условията за изхранване и настаняване са точно същите, както при затворниците от другите наказателни институции. През тези години условията в лагерите са били добри, тъй като масовия приток (на затворници) по време на войната е все още далеч. След началото на войната започват да пристигат големи количества политически затворници и когато по-късно от окупираните територии започват да пристигат и членове на съпротивителните движения, лагерните помещения и разширенията вече не са могли да се справят с големият брой затворници.

В първите години на войната този проблем все още е могъл да бъде решен чрез временни мерки, но по-късно – в резултат на военните действия това става невъзможно, тъй като на практика почти не са останали на разположение строителни материали (в този случай се твърди, че телата на жертвите на газовите камери са били изгаряни чрез използването на дървен материал за гориво! – бел. авт.).

„...Това доведе до ситуация, в която обитателите на лагера вече нямаха достатъчно сили за борба с избухването на епидемии... Нашата цел не бе да постигнем възможно най-голяма смъртност или да унищожим колкото се може повече затворници. Райхсфюрерът постоянно се занимаваше с проблемите за ангажиране на повече работна ръка за военната промишленост...".

„Случаите на лошо отношение и насилия в концентрационните лагери според разпространилите се слухове сред хората и особено сред затворниците – освободени от окупационните сили, противно на общоприетото схващане не са причинявани методично, а от отделни ръководители, офицери или войници, прибягващи до насилие."

„Ако по някакъв начин това е достигало до мен като информация, извършителят, разбира се, веднага се освобождаваше от длъжност или се прехвърляше на друго място. Така, че дори и да не е наказан поради липса на доказателства за вината му той все пак биваше освободен от длъжност и прехвърлен на друга работа..."

„Катастрофалната ситуация в края на войната се държи на факта, че в резултат на унищожаването на железопътните линии и постоянните бомбардировки на промишлени инсталации стана невъзможно да се осигуряват адекватни грижи за тези маси от хора – включително и Аушвиц с неговите 140 хиляди задържани, независимо от импровизираните колони от камиони и другите мерки, които взеха комендантите за подобряване на положението – всичко беше напразно. Броят на заболелите стана застрашителен. Лекарства почти нямаше, навсякъде избухваха епидемии."

„Непрекъснато се търсеха дееспособни затворници. Със заповед на Райхсфюрера дори по-леко болните трябваше да се използват в някой участък на отрасъла, в който те биха могли да работят. В резултат на това всеки ъгъл в концентрационните лагери, който можеше да бъде използван беше изпълнен с болните и умиращи затворници."

„В края на войната останаха всичко тринадесет концентрационни лагера. Всички други места, отбелязани на картата тук са т. нар. трудови лагери, прикрепени към разположените там военни заводи..."

„Ако е имало някакви актове на насилие от охраната към затворници – лично аз никога не съм се сблъсквал с тях – то броят им трябва да е бил изключително ограничен, защото всички отговорни за лагера лица следяха възможно най-малко SS-овци да осъществяват пряк контакт със затворниците, тъй като с течение на времето качеството на персонала по сигурността се влоши толкова много, че беше невъзможно да се следват предишните стандарти...".

„Имахме хиляди служители, идващи от всички по-големи страни в света, едва говорещи немски и влезли в тези подразделения като доброволци. Също имахме хора на възраст 50-60 години, при които липсва всякакъв интерес към работата им – така че лагерните коменданти трябваше да следят тези хора да съблюдават и най-елементарните изисквания към своите задължения. Очевидно е, че между тях имаше такива елементи, които ще малтретират затворниците, но такова отношение никога не е било толерирано."

„Освен това беше невъзможно по време на работа или в лагерите всички тези маси хора да се контролират от SS – така че навсякъде някой затворник трябваше да упражнява контрол над други затворници и върху тяхната работа – вътрешното управление на лагерите на практика беше под техния пълен контрол. Разбира се, има много случаи на лошо отношение, които не е можело да бъдат избегнати тъй като през нощта в лагерите нямаше почти никакви есесовци. На SS е било разрешено да влиза в лагерите само в конкретни случаи – така че затворниците малко или много зависеха от охраната, подбрана от средата на самите затворници."

Въпрос (чрез адвоката от защитата за SS д-р Бабел):

– Вече споменахте за правилата за охраната, но в допълнение към това имаше правила валидни за всички лагери. Установява ли този регламент наказания за затворници, нарушили правилата в лагера. Какви бяха тези наказания?

Отговор (Хьос):

– Преди всичко – преместване в „наказателен отряд" (Strafkompanie) – т.е. на по-тежка работа и строг режим, след което заключване в изолатор, задържане в тъмна килия, а при по-тежките случаи – поставяне на окови или завързване. Завързването (Anbinden) беше забранено от Райхсфюрера през 1942 г. или 1943 г. – не мога да кажа точно кога. Също така имаше и наказание, състоящо се в стойка „мирно" (Strafstehen) пред входа на лагера за дълго време и накрая – телесно наказание. Впрочем, нито един комендант не можеше да назначи телесно наказание самостоятелно – за това трябваше да се подаде заявление."

(Устни показания на Рудолф Хьос, 15 април 1946 г., XI 403-411 [445-454].)

Изглежда Хьос се опитва да защити жена си и трите си деца,

както и да спаси и други хора, казвайки, че само 60 души са знаели за масовите убийства. Хьос опитва да спаси Калтенбрунер от въвличане в делото на Айхман и Пол, които все още не са арестувани. (Виж подобния случай с писмените показания на Хейзиг, който се опита да обвини Редер, XIII 460-461 [509-510]).

Хьос се явява в съда в качеството на „свидетел на защитата" и кръстосания разпит на Хьос е преустановен от страна на самата прокуратура (XI 418-419 [461-462]). Изглежда, че прокурорите са се страхували, че Хьос ще се разприказва повече от необходимото.

Известната „Автобиография" на Хьос под името „Kommandant in Auschwitz" не е много по-добра от показанията му на Нюрнбергския процес. Вероятно отначало това е било гигантско „свидетелско показание", съставено под формата на въпроси и отговори в хода на неговите разпити а после, след редактиране – връчено на Хьос да го пренапише със собствената си ръка. Според тази книга огньовете за изгаряне се виждали на километри (стр. 159 на немското издание), смрадта също се разпростирала на километри наоколо (стр. 159). Всички наоколо знаеха за масовите убийства (стр. 159), но само семейството на Хьос така и нищо не е разбрало (стр. 129-130). Жертвите знаели, че ги чака газова камера (стр. 110-111, 125), но все пак успяват да ги заблудят. (стр. 123-124; виж също PS-3868). Хьос е хроничен алкохолик, „признал" тези неща, или в нетрезво състояние (стр. 95) или чрез изтезания (стр. 145).

Също така не е вярно, че съгласно страница 126 от „автобиографията" на Хьос, са измъквали труповете от газовите камери като при това са яли и пушили, а дали са били с или без газови маски – текстът не казва. Както установи д-р Робер Форисон, Хьос наистина е направил подобно заявление, но по друг повод – по време на един от „разпитите". Полското „преводно" издание на тази книга – публикувано преди издаването на немския „оригинал" изглежда съвпада с немската версия въпреки, че имена на места и дати липсват. Това предполага, че най-вероятно първо е изготвена полската версия, както по-горе посочените подробности са били добавени към немския превод след това. Пълният, нецензуриран сборник „съчинения" на Рудолф Хьос (на полски) е достъпен от междубиблиотечният абонамент („Wspomnienia Rudolfa Hössa, Komendanta Obozu Oswiecimskiego").

Японските процеси за „военни престъпления"

Докато германските обвиняеми са били осъдени за производство на човешки „сапун" (тази измислица е приведена като истински факт в престижния сборник „International Law", редактиран от Опенхайм (Oppenheim) и Лаутерпахт (Lauterpacht), седмо издание, том 2, стр. 450), японските подсъдими по редица процеси са осъждани за приготвяне на „супа от човешко".

Това не е шега – през 1948 г. се е смятало за „доказан факт",

Генерал Ямашита

че японците са раса от канибали по рождение, на които под страх смъртно наказание е било забранено да ядат загинали роднини, но официално насърчавани да ядат американци. Американците били поднасяни като пържено или в супа, дори когато е имало и друга храна на разположение и следователно японците са практикували канибализъм не от нужда, а за удоволствие.

Най-популярните части на човешкото тяло от кулинарна гледна точка са черния дроб, панкреаса и жлъчния мехур. Китайците ги поглъщали във вид на таблетки.

Наред с други неща това е било „доказано" на следните процеси:

– „U.S. v Tachibana Yochio and 13 others", Мариански острови, 2-15 август 1946;

– „Commonwealth of Australia vs. Tazaki Takehiko", Wewak, 30 Ноември 1945;

– „Commonwealth of Australia vs. Tomiyasu Tisato", Rabaul, 2 Април 1946;

– Токийският процес – най-мащабният процес над „военнопрестъпници" в историята, продължил от май 1946 до декември 1948. За него лично е следил Дъглас Макартър (виж „The

Tokyo Judgment", Т. 1, стр. 409-410, University of Amsterdam Press, 1977, стр. 49.674-49.675).

Всичките 25 подсъдими, доживели до края на Токийският процес са осъдени. Седем от тях са обесени. Престъпленията им включват:

– Планиране, започване и водене на „агресивна война" срещу СССР (това е въпреки факта, че именно Съветският съюз атакува Япония в нарушение на пакта за ненападение два дни след атомната бомбардировка над Хирошима – същия ден беше подписано Лондонското споразумение, според което се проведе Нюрнбергският процес);

– Планиране, започване и водене на „агресивна война" срещу Франция (Франция, както е известно е в Европа);

– Незаконна морска блокада и бомбардировки на цивилното население (делото срещу Шимада – с други думи – действията на британците в Европа биха били незаконни, ако са били извършени от японците);

– Съдебният процес срещу военнопрестъпници пред военен съд (дело на Хата и Тоджо, също и процес „U.S. vs. Sawada", на който е повдигнато може би най-отвратително и лицемерно обвинение – „пострадалата" страна са седем американци, участвали във варварските бомбардировки над Токио в резултат, на което бяха изгорени живи 80 000 жени и деца);

– Канибализъм (това, че обвиняемите лично са изяли някого, не се е твърдяло).

Ето някои от представените „доказателства":

– доклади на съветската комисия по разследване на „фашистки" злодеяния;

– доклади на китайската комисия по военни престъпления;

– съветски доклади, основаващи се на японски документи, неприложени към докладите;

– кратки доклади за японската военна агресия в Китай (съставени от китайци);

– 317 доклада на американската комисия по военни престъпления (Judge Advocate General War Crimes Reports), в обем 14 618 страници, в които се „цитират" „заловени" японски документи, лични дневници, признания в канибализъм, заповеди за масови убийства, заповеди за убийството на военнопленници с газ на отдалечени тропически острови, и т.н. („заловените документи" не се прилагали към докладите, доказателство за тяхната автентичност или съществуване не е било задължително);

– писмени показания на японски войници, държани в плен в

Сибир;
– писмени показания на японци, в които „японците" са наречени врагове;
– писмени показания на офицери от Червената армия;
– писмени показания на неграмотни туземци от тропическите острови;
– изрезки от вестници и списания (допустими доказателства в случая за обвинението, но като правило не и случай на защита, така че събитията в Китай са били доказани с цитати от такива американски вестници и списания като „Chicago Daily Tribune", „New Orleans Times-Picayune", „Sacramento Herald", „Oakland Tribune", „New York Herald", „New York Times", „Christian Science Monitor" и т.н.);
– „писмените клетвени показания" на Маркис Такугава (написани на английски, но не са прочетени на Такугава на японски);
– изявленията на Окава (Окава е обявен за луд и изпратен за принудително лечение, но неговите изявления са използвани като доказателство);
– показанията на Танака (професионален свидетел, на когото американците плащат). Докато е в нетрезво състояние Окава признава всичко на Танака. Танака „Чудовището" Рюкичи (Tanaka Ryukichi), както се е предполагало, е бил отговорен за милиони зверства, така и не са го съдили и е могъл свободно да пътува из Япония);
– дневникът на Кидо (всевъзможни слухове и клюки за всичко, което не се харесва на Кидо);
– мемоарите на Харада (Харада е претърпял инсулт, така че не е в състояние да диктува разбираемо и до колко добре той може да помни и това, което той иска да каже са предположенията на някого. Това са много различни „копия", „коригирани" от много хора, различни от лицето, на което му диктува спомените си. Трябва да се добави и това, че Харада е имал репутация на отявлен лъжец);

В своя „Отговор на прокуратурата на доводите на защитата", съставен в края на процеса, всички доказателства – представени от защитата се отхвърлят. Заявено е, че най-доброто свидетелство са документите (т.е. преводите на откъси от „копия", без подписи или доказателство за техния произход и автентичност). Ако обвинението и защитата цитират един и същи документ се твърди, че обвинението го цитира правилно, а защитата изважда фрази от контекста. Слуховете имат доказателствена стойност, но показанията на свидетелите на защитата нямат доказателствена стойност. Кръстосаният разпит се счита за загуба на време.

Пет от единадесетте съдии (Уилям Уеб от Австралия, Делфин Джаранила от Филипините, Берт Рьолинг от Холандия, Анри Бернар Франция и Р. Б. Пал от Индия) заявяват особено мнение (несъгласие).

Пал съставя 700-страници особено мнение, в което заявява, че повечето от доказателствата на прокуратурата – отнасящи се до злодеяния, нямат никаква стойност, като саркастично отбелязва, че се е надявал поне един от документите да е бил съставен на японски език.

Отличителна черта на процесите над „военнопрестъпници" е, че на тях нищо не се доказва и че всички те си противоречат един на друг.

В Токио беше заявено, че китайците са имали право да нарушат „несправедливите" договори, а опитите на японците да обезпечат съблюдаването на същите тези „несправедливи" договори представляват „агресия".

Когато върху Япония са хвърлени атомните бомби, японският министър на външните работи Мамору Шигемицу вече почти 11 месеца се опитва да се преговаря за условията за капитулация – още от 14 септември 1944 г. Това разбира се е друго „престъпление" – „протакане на войната чрез преговори".

„Доказателствата" за японския канибализъм могат да бъдат намерени тук: „JAG Report 317", стр. 12.467-12.468 копия на стенограми, получени на циклостил, веществени доказателства 1446 и 1447, стр. 12.576-12.577, веществено доказателство 1873 стр. 14.129-14.130, веществени доказателства 2056 и 2056А и Б, с. 15.032-15.042.

Алфред Йодл

Йодл е обесен за съучастие в т. нар. „заповед за диверсантите" (Kommandobefehl, Commando Order) – заповед да се разстрелват британските войници, сражавали се в цивилни дрехи и убийството им като военнопленници (XV 316-329 [347-362]).

В своя защита Йодл каза, че международното право е предназначено да защитава лицата, сражаващи се като войници. Войниците са длъжни открито да носят оръжието си, да носят ясно разпознаваеми знаци за различаване или униформи и хуманно да се отнасят към пленниците.

Партизанската война и действията на британските диверсионни групи са били забранени. Съдът и изпълнението на присъдите на партизани и диверсанти са законни, ако това се извършва в съответствие с Женевската конвенция относно третирането на военнопленниците от 1929 г. (Виж също"Dissentient Judgement of Judge Rutledge, U.S. vs. Yamashita" и „Habeas Corpus Action of Field Marshall Milch".)

В действителност почти никой не е убит в резултат от заповедта за диверсантите (55 души в цяла Западна Европа – според Д. Максуел-Файф, XXII 284 [325]). Целта на заповедта е да се възпрат войниците да се сражават по този начин, мислейки, че по-късно ще могат просто се предадат в плен. Друго „престъпление" на Йодл е фактът, че той е информирал главнокомандващия сухопътните войски, че Хитлер е повторил издадената вече заповед да не се приема предложение за капитулация на Ленинград.

Подобно на редица други престъпления на германците, това също остава една идея без последствия, тъй като предложение за капитулация на Ленинград така и не е получено. Немците искаха да заставят ленинградчаните да се евакуират в тила, защото е невъзможно да се хранят милиони хора и да се предотвратят епидемии. В германските позиции на изток нарочно са били оставяли пролуки, за да може това население да се евакуира. Както е известно Киев, Одеса и Харков са капитулирали, но са се оказали минирани, в резултат, на което от взривни устройства със забавено действие са убити хиляди германски войници (Пристанищните съоръжения са необходими на германците за военни цели, а съветската железопътна линия е по-широка от европейската – така че германците не могат да превозват храна, за да хранят милиони полугладни затворници или евреи). Лъжите на съветската пропаганда, според които германците са убили милиони съветски военнопленници бе приета и продължава да се взема на сериозно от много хора, които не знаят истинските причини за високата смъртност сред съветските военнопленници.

Между другото заповедта по отношение на Ленинград – документ С-123 не е подписан.

Делото срещу Йодл илюстрира абсурдността на целия процес. Според думите на адвокатът му Екснер:

„Убийство и революция. В мирно време това би довело до Гражданска война, а във военно време – до бързо разпадане на фронта и край на Райха. Трябваше ли след това да възкликне: „Fiat justia, pereat patria!" (Да живее правосъдието, дори родината да умре).

Изглежда прокуратурата счита, че подобно поведение може да бъде изисквано от всички подсъдими. Каква удивителна идея! Въпросът дали е възможно от етична гледна точка да бъде оправдано убийство и държавна измяна – да го решават моралистите и богословите. Във всички случаи юристите не могат даже да обсъждат такава идея. Длъжен ли е някой под страх от наказание да убие държавен глава? Как трябва да постъпи един войник? Че и по време на война? Тези, които извършват такива актове винаги са били наказвани, но да се наказват за нещо, което не са направили е наистина нещо ново". (XIX 45 [54]; XXII 86-90 [100-105]).

Между другото, в Токио японските генерали бяха обесени заради намеса в политиката.

В друг случай Екснер възкликва: „Само в една страница на англо-американският меморандум по делото – фразата „Йодл е присъствал на" се среща шест пъти. Какво означава това от правна гледна точка?" (XIX 37 [44])

Един от съветските обвинители – полковник Покровски зададе следния въпрос на Йодл: „Знаехте ли за това, че немските войници... разчленявали, бесели с главата надолу и горили съветски военнопленници? Знаехте ли за това?" На това Йодл отговаря: „За такова нещо не само, че не знам, но и дори не го вярвам." XV 545 [595]).

По този начин цялата обширна тема на процесите над „военните престъпници" може да бъде сведена до тези две – три изречения XV 284-561 [313-612]; XVIII 506-510 [554-558]; XIX 1-46 [7-55].

Ернст Калтенбрунер

По време на кръстосан разпит с възмущение питат Калтенбрунер как се осмелява да твърди, че той говори истината, а 20-30 свидетели лъжат (XI 349 [385])!

„Свидетели" в този съд разбира се, не са се явили. Те са само имена, изписани върху парчета хартия. Едно от тези имена принадлежи на Франц Цирайс – комендант на концентрационния лагер Маутхаузен.

Цирайс „признава" обгазяването на 65 000 души, производството на абажури от човешка кожа и печатане на фалшиви пари. Освен това е съставил сложна таблица със статистически данни за точния брой на затворените в 31 различни лагера. След това той обвинява Калтенбрунер, че е заповядал при наближаването на американците да бъдат убити всички затворници от Маутхаузен.

Когато Цирайс е направил това „признание" вече от десет месеца и половина лежи в гроба. За щастие, неговата „изповед" си е „припомнил" друг човек – затворник от концентрационния лагер на име Ханс Марсалек, който така и не се появява в Нюрнберг, но чийто подпис стои в документа (документ PS-3870, XXXIII 279-286).

В този документ в кавички се привежда текста от страници 1-6, включително и статистическата таблица – в която например се твърди, че в Ебензее е имало 12 000 затворници, 12 000 в Маутхаузен, 24 000 в Гусен I и II, 20 в Шлос Линдт, 70 в Клагенфурт- Юнкершуле, и така – за всеки 31 лагера от таблицата.

Този документ не е подписан от някое от лицата, уж присъствали на „изповедта" на Цирайс – никакви бележки – както би следвало да се прави не са включени в документа. На документа има само два подписа: Ханс Марсалек – затворник и Смит Брукхарт от армията на САЩ.

На документа е поставена дата 8 април 1946 г. Цирайс е починал на 23 май 1945.

Заявено е, че по това време Цирайс е сериозно ранен (той в крайна сметка умира от множество огнестрелни рани в стомаха), за да подписва каквото и да е, но е достатъчно здрав, за да продиктува този дълъг и сложен документ, който 10 месеца и половина по-късно буквално си е „припомнил" Марсалек. А причини да лъже Марсалек разбира се, не е имал.

Документът е изготвен на немски език. По отношение на Брукхарт – той е известен и с това, че пише признанията и на други. Негови са и „признанията" на Рудолф Хьос (на английски език – документ PS-3868) и на Ото Олендорф (на немски език – документ PS2620) (Брукхарт е син на американски сенатор. Така и не е отговорил на въпроса дали при него има някакви документи или мемоари).

„Изповедта" на Цирайс е приета и продължава да бъде приемана за чиста монета от Рейтлингер, Ширър, Хилберг и други проповедници на холо-дрънканиците.

Калтенбрунер твърди, че по време на войната германците имат само 13 основни концентрационни лагери („Stammlager") (XI 268-269 [298-299]). Броят на приведените от страна на прокуратурата 300 лагера е постигнат чрез включването в списъка на обикновените трудови лагери.

Лагер 13 – Мацгау, който се намира близо до Данциг е по-специален. Неговите затворници са есесовци – охранители и полицаи, осъдени за престъпления срещу лишените от свобода. За побой, незаконно присвояване, кражба на лични вещи и т.н. Този лагер в края на войната пада в ръцете на Червената армия (XI 312, 316 [345, 350]).

Калтенбрунер твърди, че присъдите – произнесени от SS и полицейските съдилища са много по-тежки от присъдите, наложени от други съдилища за подобни престъпления. SS често предизвиква дела срещу свои членове за престъпления срещу затворници и дисциплинарни нарушения (XXI 264-291, 369-370 [294-323, 408-409]).

По закон трета степен на разпит може да се извърши единствено с цел получаване на информация за бъдеща дейност на съпротивата. Провеждането на подобен разпит за получаване на признания е забранено. По време на разпит трета степен е задължително присъствието на лекар. Разрешени са удари с палка по голите задни части, чийто брой не може да надвишава двадесет, като тази процедура може да се приложи само веднъж. Другите форми на „нацистки изтезания" включват поставянето на затворника в тъмна килия или принуждаване да стои на крака по време на продължителни разпити. (XX 164, 180-181 [184, 202-203]; XXI 502-510, 528-530 [556-565, 583-584])

Калтенбрунер, както и много други свидетели на защитата твърди, че аналогични методи са използвани от полицията по целия свят (XI 312 [346]) и с цел изучаване на немските методи за разпит в Германия идват уважавани чуждестранни полицейски служители (XXI 373 [412]).

Доказателствата и аргументите на защитата по този и други аналогични въпроси представляват хиляди и хиляди страници, разпределени между стенограмите на заседанията на Трибунала и „комисията", както и и 136 000 писмени показания под клетва (XXI 346-373 [382-412], 415 [458], 444 [492]).

Калтенбрунер е обвинен за заговор с цел „линчуване" на съюзническите пилоти, бомбардиращи цивилните граждани. Линчуването наистина би противоречало на правилата на международното право, но не се е и случвало. Много пилоти даже са спасени от разярените тълпи от немските полицаи и военни. Германците са се отказали от тези методи опасявайки се, че ще започнат да се убиват всички парашутисти. Подобно на други немски престъпления, тази идея също не е имала никакви последствия (XXI 406-407 [449-450], 472-476 [522-527]).

Друго престъпление, извършено от Калтенбрунер е отговорността за т. нар. „куршумена заповед" (Kugelerlass) – предполагаемата заповед да се разстрелват военнопленници с помощта на хитроумен уред (неговите създатели вероятно са вдъхновени от контролираната с помощта на лост машина за разбиване на мозъци на Пол Велдман. Документ на СССР-52, VII 377 [416-417]).

„Куршумената заповед" – документ PS-1650 – дори ако се предположи, че този документ е истински (което, между другото е малко вероятно (XVIII 35-36 [43-44]) е резултат от погрешен превод. Смисълът на тази заповед е, че пленниците – опитващи се да избягат следва да бъдат приковани към желязна топка (Kugel на немски език), а не, за да се стреля, използвайки куршум (също Kugel). Думата „оковаване" се появява в документа, но не и думата „разстрел" (III 506 [565]; XXI 514 [568]; декларация на Гестапо 75; XXI 299 [332]). Този документ е предаден по телетип и следователно, върху него няма подпис (XXVII 424-428).

Терминът „Sonderbehandlung" (специално третиране) се явява пример на груб жаргон, използван от всички длъжностни лица.

Най-точно е да се преведе като „третиране съобразно случая". Калтенбрунер успява да покаже, че в даден случай това означава правото да се пие шампанско и да вземат уроци по френски. Обвинението просто объркало зимния курорт с концентрационния лагер (XI 338-339 [374-375]), XI 232-386 [259-427], XVIII 40-68 [49-80]. (Документът за зимния курорт е документ PS-3839 (XXXIII 197-199) – „клетвена декларация".)

Вилхелм Кайтел

Кайтел е обесен за предполагаемата му отговорност за жестокости, извършвани на територията на Съветския съюз, както и за комисарската заповед „нощ и мъгла". Представените доказателства срещу Кайтел в голямата си част се състоят от „доклади" на Съветската комисия за военни престъпления (XVII 611-612 [663-664]; XXII 76-83 [90-98]). Последните представляват кратък обзор на направените констатации, изводи и обобщения, без никакви доказателства или документи в тяхно потвърждение. В тези „доклади" неправилно се посочват и се объркват военни институции.

Сред съветските документи, въз основа на които Кайтел е осъден на смърт са документи СССР-4, 9, 10, 35, 38, 40, 90, 364, 366, 407 и 470.

Документ номер СССР-4 е „доклад" на Съветската комисия за военни престъпления, който твърди за умишлено разпространение на епидемия от тиф с цел унищожаване на съветския народ. Отговорността за това престъпление се хвърля върху „хитлеристкото ръководство и на върховното командване на въоръжените сили" (виж също „Доклад за престъпления на САЩ в Корея", Пекин (1952), (Използването на бактериологическо оръжие от американците).

Документи СССР-9, 35 и 38 са също доклади на Съветската комисия за военни престъпления.

Документ СССР-90 представлява присъда на Съветският военен трибунал, в която се твърди, че „германо-фашистките завоеватели са извършили чудовищни злодеяния", като приписва тези престъпления на „висшето главно командване на въоръжените сили на Германия".

Оригиналите на документите за всички тези доклади не са

приложени, конкретните заповеди не се споменават. Името на Кайтел също не се споменава в тях. Другите документи са „заверени копия" (XVIII 9-12 [16-19]) на документи, за които се предполага, че са на разположение на съветската страна.

Заповедта „Нощ и мъгла" (XVIII 19-22 [27-30]) е замислена като алтернатива на разстрелите на членове на съпротивата. Обвинението признава, че разстрелът на подобни лица би бил юридически законен, (V 405 [456]) но германците смятат за нежелателно да се осъждат на смърт всички. Затворът е смятан за недостатъчно тежко наказание, тъй като всички смятат, че войната ще свърши в рамките на няколко години (XXI 524 [578-579]).

Що се отнася до известната „комисарска заповед", то тя почти няма ефект, което отчасти се дължи на факта, че не е било толкова лесно да се определи кой именно е бил комисар (XXI 404-405 [446-447]; XXII 77 [91]). Кайтел е обвинен също и за това, че е ограничил достъпът до Хитлер така, че до него да не достига определена информация. Това абсурдно обвинение се опровергава на стр. 645-661 [710-717] том XVII.

Срещу Кайтел също така се използва и документ PS-81, който Джаксън цитира във встъпителната си реч и документ СССР-470 – едно „вярно с оригинала" копие (т.е., машинописно копие на документ, сертифицирано като „съвпадащо" с „оригиналния документ"), който е съставен изцяло на сърбо-хърватски език и както се предполага съхраняван в Югославия с „подписът" на Кайтел, написан на пишеща машина. Че Кайтел разбира сърбо-хърватски не се е твърди – в замяна обаче се твърди, че това е „превод" на документ, съставен на немски – какъвто за съжаление не е открит у югославяните (XV 530-536 [578-585]).

Случаят на Кайтел се появява и в X 468-658 [527-724]; XI 1-28 [7-37]; XVII 603-661 [654-717]; XVIII 1-40 [7-48].

Константин фон Нойрат

Фон Нойрат е жертва на груба фалшификация – документ PS-3859. Чехите препечатат оригиналния документ, като въвеждат много изменения, допълнения и представят на Трибунала „фотокопие" на техните „копия" (с подписи напечатани на пишеща машина). Оригиналният документ се е намирал в Чехословакия.

В този документ почти всичко е грешно – немската бюрокрация е изключително сложна машина и в много документи на обвинението има грешни адреси, неточни справки и неправилни процесуални отметки, които не са непосредствено очевидни. По отношение на този документ Фон Нойрат казва: „Много съжалявам, но вие лъжете" (XVII 67 [79], 373-377 [409-413]).

Фон Нойрат е осъден на затварянето на чешките университети (според международното право такива действия от страна на окупационните власти не са престъпление) и разстрелът на девет чешки студенти след демонстрация. Тези „престъпления" са „доказани" с редица документи: СССР-489 – „вярно с оригинала копие", заверено от чехите; СССР-60 – „доклад" на „Комисията за военни престъпления", в който се цитират „показанията" на Карл Херман, които не са приложени към доклада; СССР-494 – „клетвена декларация", подписана от Карл Херман Франк 33 дни преди неговата екзекуция. Излишно е да се казва, че изявленията приписани на Франк в доклада на съветската Комисията не са подписани, а и на никое не е поставена дата. А оригиналните документи са се намирали в Чехословакия (XVII 85-90 [98-104]).

Голяма част от „доказателствата" изфабрикувани срещу фон Нойрат, Шахт, фон Папен, Редер и други, са получени въз основа на писмени показания на възрастен американски дипломат, който по това време живее в Мексико (документи PS-1760; PS-2385; PS-2386; EC-451).

Заявено е, че този дипломат – на име Месерсмит (Messersmith) е твърде стар, за да се яви в съда (II 350 [387]). Същевременно възможността той да страда от старческа деменция е отхвърлена (II 352 [389]). Тези „доказателства" се състоят от личната оценка на мотивацията и характера на други хора, дадени от Месерсмит.

За фон Нойрат: XVI 593-673 [649-737]; XVII 2-107 [9-121]; XIX 216-311 [242-345].

Франц фон Папен

Фон Папен е обвинен в заговор с Хитлер с цел да убедят Хинденбург да назначи Хитлер за райхсканцлер. Според тази версия фон Папен чрез измама е накарал Хинденбург да повярва, че ако не го направи, то в Германия ще започне гражданска война.

Тогавашният райхсканцлер – генерал Фон Шлайхер по същото време опитва да управлява в нарушение на закона и Конституцията, без да има подкрепата на национал-социалистите, които са получили най-голямото мнозинство в цялата история на Райхстага. Много от „противозаконните" действия на Хитлер всъщност датират от периода на управлението на фон Шлайхер (XXII 102-103 [118-119]). Това е единствената алтернатива на хаоса, създаден от 41 политически партии – всяка от които представлява нечий частен финансов интерес.

През 1946 г. представители на западните страни – победителки заявяват на фон Папен, че през 1933 г. той е бил длъжен да предвиди намерението на Хитлер да отприщи „агресивна война" и е трябвало да си сътрудничи с фон Шлайхер с цел да се установи военна диктатура в страната.

Впоследствие – по време на преврата на Рьом, фон Шлайхер е бил разстрелян.

Хинденбург е смятал тези разстрели за законни – видно от телеграма, в която той поздравява Хитлер за потушаването на преврата (XX 291 [319]; XXI 350 [386], 577-578 [636-637]; XXII 117 [134-135]).

Фон Папен също е смятал разстрелът на Рьом и неговите поддръжници, оправдан от извънредните обстоятелства (XVI 364 [401]), но въпреки това смята, че има много други неоправдани убийства и Хитлер е трябвало да проведе разследване и да накаже виновните. Това не е направено.

В Нюрнберг прокуратурата признава, че програмата на нацистката партия не съдържа нищо незаконно и е едва ли не похвална (II 105 [123]). Националсоциалистите са признати за законна окупационна власт в Рейнската област през 1925 г. (XXI 455 [505]) от Върховният съд на Германия през 1932 г. (XXI 568 [626]), както и от Обществото на народите и полският генерален резидент в Данциг през 1930 г. (XVIII 169 [187-188])

Не е ясно дали през 1933 г., армията единодушно би подкрепила фон Шлайхер в сблъсък с национал-социалистите, които са имали законно право да управляват. Благодарение на отказа на Хинденбург да наруши конституцията (което би могло да доведе до Гражданската война) Хитлер идва на власт напълно законно (виж също: XXII 111-112 [128-129]).

Фон Папен е обвинен и в „неморални деяния в подкрепа на общия план" като например използването на обръщането на „ти" в беседа с австрийския външен министър Гидо Шмид. На това фон Папен отговори: „Сър Дейвид, ако поне един път сте били в Австрия ще знаете, че там почти всички говорят помежду си на „ти" (XVI 394 [435]).

Действията на фон Папен, който не биха могли да се нарекат престъпни са били използвани, за да се докаже „лицемерието" на ответника. Чрез ретроспективно четене на мислите на фон Папен в неговите стари постъпки е била намерена зла умисъл.

Понякога се твърди, че щом фон Папен, Фритче и Шахт са оправдани – това означава, че Нюрнбергския процес е „справедлив". Тази логика обаче не е подходяща за Токийският и много други процеси в които оправдателни присъди няма. Не бива да се забравя, че в процесите над вещици, проведени през XVII век, процентът на оправдателни присъди е 5-10% (за фон Папен: XVI 236-422 [261-466]; XIX 124-177 [139-199]).

Ерих Редер

Редер е обвинен в „заговор" с японците за нападението им срещу САЩ. Други престъпления извършени от Редер са слушане на речи, присъствие на конференции, информираност за плановете за действие в извънредни ситуации, както и приемането на подаръци за рожден ден от Хитлер.

Редер доказа, че американците са знаели за предстоящата атака над Пърл Харбър 10 дни преди нападението, докато германците не са знаели нищо (XIV 122 [137-138]).

Обсъждането на Редер за военната готовност на Германия и речите на Хитлер, вижте в главата за фон Рибентроп. Също за Редер: XIII 595-599 [656-660], 617-631 [680-696]; XIV 1-246 [7-275]; XVIII 372-430 [406-470].

Йоахим фон Рибентроп

Фон Рибентроп е обесен за подписването на съветско-германския пакт за ненападение, благодарение на който става възможно да се атакува Полша. Рибентроп защитава действията си с това, че в продължение на 20 години от Полша са били експулсирани един милион германци, което е придружено с много зверства. През цялото това време жалбите изпращани до Международния съд в Хага и в Обществото на народите в Женева са пренебрегвани. Жертвите са били етнически германци с полско гражданство – живеещи на територии дадени на новата полска държава по силата на Версайския договор.

На 23 октомври 1938 г., Рибентроп отправя предложение на поляците, което британския посланик в Берлин – Невил Хендерсън нарича „разумно предложение в духа на Обществото на народите". Рибентроп иска провеждане на плебисцит в полския коридор за връщането на Данциг (100% германски град), изграждане извънтериториална двойна железопътна линия и магистрала през коридора към Източна Прусия, която е отделена от останалата част от Германия през 1919 г. и до която човек може да стигне само по море, което е противно на всякакъв здрав разум. С други думи сухопътен мост към Източна Прусия (X 260-269 [295-304]; 280-281 [317-318]; 367-369 [416-417]).

В замяна на това поляците получават значителни икономически ползи: правото на използване на пристанищните съоръжения на Данциг и гаранция за безпрепятствен износ на полските стоки през пристанището на града. Бъдещето на коридора да се реши в съответствие с принципа на самоопределение – поляците ще получат достъп до морето и германо-полският пакт за приятелство (подписан от Хитлер през 1934 г. въпреки силната германска опозиция) да бъде удължен с нов срок (XIX 362-368 [399-406]), (Версията на същите събития според обвинението – III 209-229 [237-260]).

Това е „нацисткия план за завладяване на света", станал според съюзниците повод за цялата война – включително Пърл Харбър, Хирошима и Ялта.

В отговор поляците заявяват, че всяка промяна на статута на Данциг би означавала война. Обявена е обща мобилизация. Експулсирането на германците продължава, в резултат, на което на полско-германската граница започват да се появяват нови бежански лагери.

На 31 август 1939 г. полският посланик в Германия – Липски казва, че е добре запознат с положението в Германия, тъй като е работил там в продължение на години. Никакви дипломатически ноти или предложения от Германия не го интересуват. В случай на война в Германия ще избухне на революция и полската армия ще марширува триумфално в Берлин (XVII 520-521 [565-566], 564-566 [611-614]; XX 607 [661]).

Рибентроп твърди, че именно отношението от страна на поляците прави войната неизбежна тъй като въпросът с коридора и депортирането задължително трябва да бъде решен – както за Хитлер, така и за Сталин съответните области са земи, които страната им е изгубила след катастрофалната война, която бе последвана от не по-малко катастрофални договори за мир (X 224-444 [254-500]; XVII 555-603 [602-655]).

За германците в Нюрнберг това има само едно обяснение – поляците и британците подържат контакти с т. нар. германска „съпротива", която силно преувеличава своята значимост (XVII 645-661 [699-717]; XIII 111-112 [125-126]).

Като свидетел по време на съдебния процес излезе преводачът на Хитлер – Паул Шмид, който казва, че германците не можели да повярват, че британците ще влязат във войната след като техният посланик нарече действията на Германия разумни. Според Шмид, когато е получено съобщението, че Великобритания обявява война на Германия в стаята за цяла минута е настъпило пълно мълчание, след което Хитлер се обръща към Рибентроп и казва: „И какво ще правим сега?" (X 200 [227]).

Показанията на Шмид хвърлиха светлина върху известното изказване, приписвано на Рибентроп, според което евреите трябва или да се убиват или да се изпращат в концентрационни лагери. Според Шмид (X 203-204 [231]) Хитлер е оказал натиск върху Хорти, като го е призовавал да се предприемат по-строги мерки срещу евреите. Хорти казва: „Какво трябва да направя? Не мога да ги убия". На това Рибентроп, сериозно раздразнен отговаря: „Има два варианта: Можете или да направите точно това или те да бъдат интернирани." В протокола на конференцията това е включено като „Райхсминистърът на външните работи заяви, че евреите трябва или да се убиват или изпращат в концентрационни лагери". В Нюрнбергския съд тези думи бяха използвани срещу Рибентроп и всички други подсъдими въпреки показанията на Шмид (уважаван от всички човек, а не бивш член на нацистката партия), според когото протоколът от конференцията е неточен (X 410-411 [462-463]).

Според Рибентроп, Редер, Гьоринг и почти всички обвиняеми (с изключение на Шахт) – Германия не е била готова за война и не е планирала никаква „агресия" (XVII 522 [566-567]; XXII 62, 90 [76, 105]).

Инвазията в Белгия, Холандия и Франция не може да се нарече агресия, защото именно Франция обявява война на Германия, а Белгия и Холандия позволяват на британските самолети всяка нощ да прелитат над тяхна територия, за да бомбардират Рур. Във връзка с това германците протестират писмено 127 пъти (XVII 581 [630]; XIX 10 [16]).

Гьоринг, Редер, Милх и много други съобщават, че през 1939 г. Германия има само 26 подводници подходящи за работа в Атлантическия океан и с недостатъчно торпеда, в сравнение с 315 подводници през 1919 (XIV 26 [34]) и смехотворно – по думите на Милх – количество бомби (на XIX 4-5 [11-12]).

През май 1939 г. Хитлер казва на фелдмаршал Милх, че производството на бомби в пълен размер не е необходимо, защото никаква война няма да има. На това Милх отговаря, че пълният обем на производството на бомби във всеки случай е възможно да се постигне едва след няколко месеца, тъй като това отнема време. В крайна сметка заповедта за преход към пълен обем на производство на бомби е дадена на 12 или 20 октомври 1939 г. (IX 50 [60-61]; XVII 522 [566-567]).

Германските ВВС са били предназначени за отбранителни бомбардировки на точкови цели и до 1938 г. са си сътрудничи със Съветския съюз и Великобритания с обмен на техническа информация и военни параметри (IX 45-133 [54-153]; XIV 298-351 [332-389]).

Германците така и не са построили близко до количеството военни кораби, особено подводници (XIV 24 [31]), разрешено им по условията на англо-германското военноморско споразумение от 1935 г. (XVIII 379-389 [412-425]). Това споразумение означава, че британците признават Версайският договор за остарял. Освен това Хитлер по негова собствена инициатива ограничава запаса на немските военноморски оръжия и боеприпаси (XIX 224-232 [250-259]).

Когато започва войната, много големи немски бойни кораби все още са в процес на изграждане и е трябвало да се предадат за скрап, тъй като за завършването им са били необходими още няколко години (XIII 249-250 [279-280], 620-624 [683-687]).

Според клетвена декларация на капитана на един от най-големите немски бойни кораби „Гнайзенау", при избухването на войната корабът му е бил на учебно плаване при Канарските острови без каквито и да е боеприпаси на борда (XXI 385 [425]).

Хитлер е обичал да блъфира и сплашва на политиците с изключително нелогични и противоречиви изказвания, които противоречат, както сами на себе си (XIV 34-48 [43-59], 329-330 [366]), така и едно на друго (XXII 66-68 [80-81]). Поради тази причина до 1941 г. стенограми на речите му никога не се правели (XIV 314-315 [349-350]). Много „речи" на Хитлер „са частични или пълни фалшификации (XVII 406-408 [445-447]; XVIII 390-402 [426-439]; XXII 65 [78-79]).

Германците вярват, че вече не са обвързани с Версайският договор тъй като неговите условия (по-специално в преамбюла на петата част) са нарушени от британците, а в още по-голяма степен – от французите. Съгласно Версайският договор след разоръжаването на Германия би трябвало да последва всеобщо разоръжаване (IX 4-7 [12-14]; XIX 242 [269], 356 [392]).

Хитлер е предложил да се разоръжи „до последната картечница" – при условие че другите държави направят същото. Но Германия не може да остане завинаги в отслабена позиция, при която във всеки един момент може да бъде смачкана и унищожена. Превъоръжаването на Рейнската област дава на Германия естествените граници защитаващи Рур – това е напълно нормално действие за всяко правителство. Източна Европа копнееше за конфликт между държавите с големи запаси от оръжие, Източна Прусия е незащитена, а Полша открито поиска части от територията на Горна Силезия (XII 476-479 [520-524]; XIX 224-232 [249-259]; XX 570-571 [623-624]).

Съветско-френското споразумение от 5 декември 1934 г. е в нарушение на Договорите от Локарно, но за нарушаването им са осъдени германците (XIX 254, 269, 277 [283, 299, 308]). Не е ясно и дали окупацията на „остатъчна" Чехословакия нарушава Мюнхенското споразумение (X 259 [293-294]). Това е направено защото СССР изгражда авиобази в сътрудничество с чехите, като се надява да направи „остатъчна" Чехословакия „самолетоносач", от когото може да атакува Германия. (X 348 [394-395], 427-430 [480-484])

Както е известно Рузвелт казва, че американските интереси обхващат цялото Западно полукълбо, а британците искат да превърнат в техни владения почти половината свят – така че интересите на Германия напълно са могли да се разпрострат върху част от Чехословакия. От Прага до Берлин има половин час полет, а чешките действия са били явна заплаха за Германската сигурност.

Няма споразумения, които биха продължили вечно. Всички те рано или късно остаряват и се заменят с нови. Това обикновено се урежда в самия договор с формулировката „rebus sic stantibus" (при дадените обстоятелства). А към 1935 г. Версайският и договорът от Локарно са явно остарели.

Алфред Розенберг и Фриц Заукел

Подобно на Франк, така и Розенберг е обвинен в „кражба" и „плячкосване" на произведения на изкуството. И Розенберг и Франк отбелязват, че в съответствие с разпоредбите на 4-та Хагска конвенция за сухопътна война, Германия е била длъжна да защитава произведенията на изкуството, а затова е било необходимо те да бъдат извадени от района на бойните действия. Произведенията на изкуството внимателно са опаковани, оценени и реставрирани. Ако германците наистина искаха да „крадат" и „плячкосват" те не би трябвало да

Алфред Розенберг

съставят каталози с точна система за означаване на името и адреса на собственика, стига те да са известни.

Няколко произведения на изкуството са били присвоени от Гьоринг, но не за лична употреба, а за музея, който Хитлер възнамерява да отвори в Линц.

Розенберг протестира срещу обвинението за присвояване на основание, че неговата работа е да пази всички колекции непокътнати до края на войната, надявайки се, че по отношение на тези предмети ще бъде постигнато мирно споразумение.

Розенберг е обвинен и в кражба на хиляди железопътни вагони с мебели. Тези мебели са принадлежали на евреи, изоставили домовете си по време на германското навлизане в Париж. Еврейските апартаменти са запечатани в продължение на 90 дни, след което собствеността намираща се вътре бива конфискувана като изоставена, защото не може да се гарантира безопасността и. В крайна сметка тя е използвана от немските граждани, чиито домове са били унищожени от бомбардировките. Отново се е надявал в края на войната при евентуално сключване на мирен договор да се постигне споразумение и по този казус.

Министерството на Розенберг е получило голям брой жалби, всяка от които е внимателно проучена. Много от жалбите са признати за неоснователни. В Нюрнберг обаче е прието, че всички са били обосновани. Писмата получени от Розенберг са използвани като доказателства срещу него въпреки факта, че отговорите му на тези писма са загубени. Беше прието, че тези жалби и писма доказват „доброволно участие в общия план".

Розенберг е обвинен също в заговор със Заукел с цел доставка на „роби" за военната индустрия от окупираните територии. В отговор Розенберг, Заукел, Шпеер, Гьоринг и Зайс-Инкварт протестират, че ако не е имало съюзническа блокада, то никакво „ограбване" и „робство" не биха били необходими, че морската блокада е незаконна и е довела до масова безработица в окупираните територии и че според 4-та Хагска конвенция за сухопътната война окупационното правителство може да изиска разплащане под формата на услуги. „Робите" получават същата заплата като германските

Фриц Заукел

работници, работили по трудова повинност. Функ съобщава, че по време на войната „робите" са превели на своите семейства 2 млрд. райхсмарки от своите заплати (XIII 136 [153]). Зайс-Инкварт заявява, че само блокадата е направила в Холандия половин милион души безработни и че ако не им е била предоставена работа (доброволна или задължителна) те биха постъпили в съпротивителното движение, което съгласно международното право е незаконно. Те бяха много доволни да работят по немските укрепления в Холандия, защото това е правело по-малко вероятна съюзническата инвазия да се проведе през Холандия (възможността за съюзническа инвазия е причината за депортирането на холандските евреи) (XV 662-668 [719-726]; XIX 99-102 [113-115]).

Фритче и другите свидетелстват, че „робите" са били свободни да се разхождат по улиците на всички германски градове (XVII 163-164 [183-184]), имали са повече от достатъчно пари и са контролирали черния пазар (XIV 590 [649]). Освен това стотици хиляди от тези „роби" отказват да напуснат Германия след края на войната въпреки факта, че собствените им страни вече са „освободени", а Германия е опустошена (XVIII 155 [172-173]). Нито пък „робите" започват да се бунтуват в края на войната (XVIII 129-163 [144-181], 466-506 [509-554]; XIX 177-216 [199-242]; XXI 471-472 [521-522]).

Заукел свидетелства, че във Франция набирането на работна сила за „робски труд" е проведено от френското правителство и френските колаборационистки организации. Мнозина биха искали да бъдат „принудени" да работят, за да избегнат репресии от страна на Съпротивата (XV 1-263 [7-290]), като всички те получават същата заплата, работят по същите договорни условия и използват едни и същи привилегии в областта на здравеопазването, както и германските работници.

Що се отнася до „грабежите" в окупираните територии, тук при отстъплението си руснаците са унищожили буквално всичко, така че на немците се е наложило да доставят свое собствено скъпоструващо оборудване. По време на отстъплението, германците взимали със себе си цялото си докарано оборудване – ето това беше наречено „плячкосване" (IX 171-172 [195-196]).

Пример за „оплакване", превърнало се в „престъпление" е историята на посетителите на театъра, отвлечени в „робство". Заукел няколко месеца проучва жалбата и установява, че става дума за случай, когато работодател прекъсва вечеринка организирана за неговите работници, за да ги премести на друго работно място (XV 17-18 [25-26]).

Докато положението на Германия на фронта става все по-тежко, немците се нуждаят и от все повече и повече работници. Ако съюзниците имат право да конфискуват имуществото на неутрални страни в открито море, то немците със сигурност имат право да използват ресурсите на окупираните територии на сушата.

Розенберг е обвинен и в организирането на „акция" в която както се твърди, са отвлечени и откарани в робство 50 000 деца. Розенберг и фон Ширах свидетелстват, че в действителност става дума за програма за евакуация на сираците от зоната на бойните действия (XI 489-490 [538-539]; XIV 501-505 [552-556]). Ако сираците не са били евакуирани от министерство на Розенберг, това е било правено от армията.

Подобно обвинение срещу Розенберг е свързано с организацията „Лебенсборн". Нейната цел (ако се вярва на психичноболните еврейски „историци") е била отвличане на новородени след измерване размера на техните репродуктивни органи. В действителност тази организация е създадена за премахване на клеймото „незаконнородени" и да се помогне на многодетните семейства (XXI 654-664 в немското издание. В английското издание тези страници са изчезнали. Също: XXI 352 [389]).

Случаят на Розенберг се появява и в: XI 444-599 [490-656]; XVIII 69-128 [81-143].

Ялмар Шахт

Шахт представлява аномалия като подсъдим, тъй като повдигнатите срещу него обвинения са в противоречие с обвиненията, заведени срещу останалите обвиняеми. Ако другите подсъдими са обвинени в извършване на „неморални действия" – доказващи „доброволно участие в общия план", като например приемане на подаръци за рожден ден, поздравителни изказвания по повод на рождения ден на Хитлер, снимки с Хитлер, подписване на закони утвърждаващи държавния глава, сключване на споразумения с държавния глава или че те не са изпълнили своя морален дълг да свалят или убият държавния глава (задължения, което очевидно не могат да бъдат наложени от закона), то Шахт е обвинен във всички тези неща и в допълнение – в нарушаване на клетвата за вярност дадена на Хитлер и в измама на Хитлер. Това се счита за доказателство за особена подлост (XII 597 [652-653]).

За доказателство на двуличието на нацистите е широко е цитирана забележка на Шахт за необходимостта да се лъже – при това беше забравено да се отбележи, че жертва на измамата в този случай е не друг, а Хитлер!

Шахт осмя всички тези обвинения с духовити забележки, надминаващи по сарказъм самия Гьоринг. Прокурор Робърт Джаксън обаче така и не осъзна, че Шахт му се подиграва (XII 416-493 [454-539], 507-602 [554-658]; XIII 1-48 [7-58]; XVIII 270-312 [299-342]).

Лъжите на Джаксън, че той е принудил Шахт да „признае, че е излъгал" са взети на сериозно от много хора, които не знаят, че самият Джаксън е роден лъжец (II 438 [483]; IX 500-504 [555-559]).

Балдур фон Ширах

Фон Ширах – бивш началник на Хитлеровата младеж е обвинен в заговор с милиони деца с униформа на бой скаутите за завоюване на целия свят. В негова защита бе казано, че конспирация включваща милиони членове е логически абсурд (XIV 360-537 [399-592]; XVIII 430-466 [470-509]).

За да постигнат престъпните си цели „конспираторите" практикуват стрелба по мишена с пушки калибър 22 (XIV 381 [420-421]) и пеят песни, понякога на повече от триста години (XIV 474 [521]).

Като цяло прокурорите в Нюрнберг могат да намират престъпления навсякъде. Така в делото срещу СА една статия за грижата за краката е цитирана като доказателство за „намерение за участие в агресивна война" (XXI 221-223 [248-250]).

Ханс Марсалек обвинява Ширах, че е знаел за зверствата. Марсалек е свидетелят „припомнил" си „признанията" на Франц Цирайс – комендант на концентрационния лагер Маутхаузен една година след смъртта му. Тези „спомени" (шест страници дословни цитати) са използвани и срещу Калтенбрунер (XI 330-333 [365-369]; XIV 436-440 [480-485]).

Друго престъпление на Ширах се е състояло в това, че е бил нисък и дебел („ниският и дебел студентски лидер" е изнесъл антисемитска реч.; писмено показание на Георг Цимер, PS-244, XIV 400-401 [440-441]). Самия Ширах отхвърля това обвинение.

Предполага се, че по време на мандата му като гаулайтер на Виена Ширах е получавал докладите на Айнзац групите. Тези „доклади" са фотокопия на „верни с оригинала копия", съставени от неизвестни лица на обикновена хартия без каквито и да е печати и подписи и които както се твърди – руснаците намерили заровени в една солна мина (II 157 [185]; IV 245 [273]; VIII 293-301 [324-332]).

Катин е в списъка на немските престъпления (NMT IV 112 – Айнзац групите).

Предполага се, че германците са убили 22 000 000 (XXII 238 [270]) или 12 000 000 (XXII 312 [356]) човека, след което телата са били изгорени, а документите – заровени. Но както знаем документите горят много по-лесно от телата.

Ширах и Щрайхер са били подведени под отговорност чрез „фотокопие" на документ на Хитлер, в който той „признава" масовите убийства (XIV 432 [476]; XII 321 [349]).

Тъй като Хитлер е бил гений (X 600 [671-672]) и тъй като гениите не убиват милиони хора с отработени дизелови газове и средство против насекоми, което отнема 24 часа, за да убие молците (документ NI-9912), значението на този документ както изглежда е малко преувеличено. По принцип този документ е много характерен за Хитлер – той е кратък и съдържа много резки думи. Също така не е ясно дали през 1945 г. Хитлер е бил със здрав разум (IX 92 [107]). „Признанието" на Хитлер е „заверено" фотокопие (документ № 9 – представен от защитата на Щрайхер, XLI 547).

Артур Зайс-Инкварт

Зайс-Инкварт е добра илюстрация на това как напълно законно действие се смята за престъпление ако е извършено от немците, а аналогични действия или действия – представляващи престъпление съгласно Устава на същият този трибунал (например бомбардирането на Дрезден е незаконно според Член 6(b), XXII 471, 475 [535, 540]), се нарича малко престараване в рамките на свещения поход за изкореняване на злото.

Съгласно международното право, окупационното правителство може да издава такива закони, каквито сметне за необходими (право, което потвърждава самия Трибунал, XXII 461 [523], XXII 497 [565-566]) и подчинението на властите е задължително. Окупационните власти имат право да въвеждат трудова повинност в рамките на определени граници, да конфискуват държавна собственост, да налагат данъци за покриване на разходите за окупацията. Те не са длъжни да се примиряват с въоръжена съпротива, стачки, публикации на враждебно настроени вестници, както и не са длъжни да наемат местни служители, които не изпълняват техните заповеди.

Подписването на документи и предаването на заповеди съгласно международното право не представляват престъпления. В края на войната, Зайс-Инкварт спомага да се избегнат много ненужни разрушения, които биха били незаконни (XV 610-668 [664-726]; XVI 1-113 [7-128]; XIX 46-111 [55-125]).

Като райхскомисар на Холандия, Зайс-Инкварт е издавал заповеди за екзекуция на членове на съпротивата след като са били осъдени на смърт за актове на саботаж или въоръжена съпротива (незаконни по силата на Хагската конвенция). Присъдите се привеждали в изпълнение, ако са подновявани актовете на саботаж. На Нюрнбергския процес това е наречено

„екзекуция на заложници". Думата „заложник", обаче е грешна (XII 95-96 [108]; XVIII 17-19 [25-27]; XXI 526 [581], 535 [590]).

Прокуратурата признава, че по силата на международното право подобни действия от страна на германците са законни (V 537 [603-604]) и че членовете на съпротивата е можело да бъдат разстрелвани (V 405 [455-456]).

Четвъртата Хагска конвенция за сухопътна война от 18 октомври 1907 г. съдържа клауза за всеобщо участие (член 2). Според нея – от воюващите страни, които са в нарушение на Конвенцията може да се изисква обезщетение (чл. 3); бомбардировките „в каквато и да е форма" на незащитени градове – паметници на културата са забранени (членове 23, 25, 27, 56). Хагската конвенция не е ратифицирана от България, Гърция, Италия, Югославия, но е ратифицирана от Царска Русия.

Алберт Шпеер

Шпеер е осъден за заговор за използването на милиони хора в качеството им на роби в германските фабрики за боеприпаси, където те са били принудени да спят в тоалетните (документ D-288 – клетвена декларация на д-р Вилхелм Йегер) и са измъчвани в масово произвеждани „кутии за изтезание", маскирани като обикновено шкафче за дрехи (документ USA-892). Подобни твърдения за причудлива маскировка позволяваха на обвинението да представи напълно обикновени предмети като доказателство за „зверства".

По отношение на това обвинение Шпеер казва: „Мисля, че тази клетвена декларация е лъжа... немският народ не трябва да се тъпче така в калта" (XVI 543 [594]).

Шпеер е един от онези хора, които имат успех при всеки режим. Той постоянно твърди, че не знае нищо за „масови убийства", но заедно с това казва, че ако затворниците са били изгаряни с помощта на атомни бомби (халюцинациите на Робърт Джаксън, XVI 529-530 [580]), то би го разбрал.

Шпеер твърди, че е имал план да убие Хитлер чрез сложен невро-паралитичен газ (XVI 494-495 [542-544]). Този план така и не е реализиран, тъй като съответния газ се освобождава само при високи температури (XVI 529 [579]).

Всъщност с Циклон-Б (инсектицидът, който както се твърди е използван в газовите камери) има подобен проблем – в смисъл, че газът трябва да се изпари и ако не се загрява, отнема много дълго време. Като цяло напредналата немска технология и значителния ръст на индустрията правят съвсем смешно понятието „Холокост" с инсектицид или сажди от дизел. Щеше да е по-трудно да се „натъпче в калта немския народ" ако не бяха хората, като Алберт Шпеер.

Погледни тук за Шпеер: XVI 430-588 [475-645]; XIX 177-216 [199-242].

Юлиус Щрайхер

Щрайхер е обесен заради „разпалване на расова омраза" – престъпление, което става все по-популярно. Случаят на Щрайхер е забележителен с това, че тук страните изповядващи принципа на разделение на църквата от държавата и свободата на словото и печата са в заговор с евреите и комунистите, за да се обеси човек заради изразяване на мнения, за които не се твърди, че са погрешни.

Едно от престъпленията на Щрайхер е публикуването в неговия антисемитски вестник „Щурмовакът" приложения за прилагането на „ритуални убийства" извършени от евреи. Прокуратурата открито признава, че приведените там снимки са истински (V 103 [119]) а цитатите – достоверни.

Наред с другите неща, Щрайхер се позовава най-малко на един признат учен – Ерих Бишоф от Лайпциг, както и на съвременните процесуални действия (IX 696-700 [767-771]). Трибуналът установи, че изследването на надеждността на тези препратки ненужно удължава процеса и така и не претендира, че тази статия е лъжа. Вместо това, съдиите прибягват към телепатия и Щрайхер е осъден да бъде обесен заради предполагаемите му мисли и мотивация.

Друго престъпление на Щрайхер е, че той нарича Стария завет „жесток детективски роман" и казва, че „тази" свещена книга е изпълнена с убийства, кръвосмешения, измама, кражба и неприличие". Не са представени никакви доказателства, които биха опровергали тази гледна точка (V 96 [112]).

Щрайхер е широко известен като „любител на порнографията", „сексуален перверзник" и „мошеник". Що се отнася за неговата „порнографска колекция" при по-внимателен преглед се оказва, че това е архив на еврейски изследвания, съхранявани в редакцията на „Щурмовакът" (XII 409 [445]). Обвиненията за „сексуална перверзия", за които особено настоява съветската страна, се основава на т. нар. доклад на Гьоринг – дисциплинарно партийно производство, възбудено от един от многобройните врагове на Щрайхер. В резултат на това, съдът в Нюрнберг сваля това обвинение от Щрайхер и го заличава от протокола на заседанието. На Щрайхер е казано, че не трябва да отговаря на въпросите, свързани с това обвинение (XII 330, 339 [359, 369]).

„Аферите с недвижими имоти" също се основават на доклад на Гьоринг и се отнасят за един-единствен случай – свързан с предприятието „Mars-Werke". Лицето отговорно за обвинението съдържащо се в доклада по странно съвпадение е и лицето, отговорно за покупката му (V 106 [123]). В доклада се казва, че след разследване акциите са били върнати на дружеството, а на Щрайхер е била върната сумата, платена за тях – 5000 райхсмарки.

Щрайхер е упълномощил своите мениджъри да управляват всички дейности, като им казал: „Не ме притеснявайте с делови въпроси. Има и други неща – много по-важни от парите". Щрайхер твърди, че до самия край на войната вестникът се печата в малка къща взета под наем. Това не е партиен вестник и Щрайхер няма нищо общо с военните дела.

Като свидетел в съда излиза един от служителите на Щрайхер и казва: „Всеки, който познава хер Щрайхер, като мен знае, че той никога нищо не е взел нещо от евреин (XII 385-386 [420]).

Втората съпруга на Щрайхер – Адел, излизайки пред съда, заявява: „Аз мисля, че е напълно невъзможно Юлиус Щрайхер да закупи акции по този начин. Мисля, че той дори не знае как изглеждат акциите" (XII 391 [426]).

В Нюрнберг не се твърди, че Щрайхер лично пише статиите за своя вестник. Заглавието на статията „Trau keinem Fuchs auf gruner Heid, und keinem Jud' bei seinem Eid" – преведена от обвинението като „Каквото и да правиш не вярвай на лисица и на клетва на евреин" (XXXVIII 129) е заимствана от Мартин Лутер. Що се отнася до прочутата статия „Der Giftpilz" („Отровни гъби") – тя е написана от един от редакторите на Щрайхер и се основава на истинската история на известния педофил-маниак – еврейският индустриалец Луи Шлос (XII 335 [364-365]).

Впоследствие Шлос е убит в Дахау, което се превърна в още едно от „нацистките злодеяния". Обсъждайки смъртта на Шлос, обвинението нито веднъж не споменава фактът, че е педофил и сексуален перверзник – в замяна обаче е съставено впечатлението, че Шлос е убит само защото е евреин (документ PS-664, XXVI 174-187).

Няма никакви причинно-следствени връзки между „антисемитските убеждения" на Щрайхер, Розенберг, Франк и извършването на някакво престъпление. Също така не е доказано, че престъплението, за което става въпрос (т.нар. Холокост) някога се е състоял. Това е само допуснато. Така се предполага, че съчиненията на Щрайхер са се превърнали в една от причините провокирали това престъпление.

Щрайхер направи няколко „крайно неуместни" забележки, които са зачеркнати от стенограмите на заседанията и за които той е получил предупреждение със съгласието на адвоката си – д-р Маркс. Един от тези коментари е трябвало да се появи на страница 310 от том XII на печатното издание, след петия абзац (стр. 337 на немското издание, след тридесетата линия), но е премахнат. Това обаче може да бъде намерено на стр. 8494-8495 от циклостилното копие от записа на срещата. Щрайхер казва:

„Ако ми позволите да довърша историята на живота ми, то това ще е история, която ще ви покаже – уважаеми членове на Трибунала, че без съгласието на правителството могат да се извършват неща, които не са хуманни и които не съответстват на принципите на хуманността.

Господа, аз бях арестуван и когато бях в затвора с мен се извършваха неща, в които обвиняват нашите гестаповци. Прекарах четири дни в килия без дрехи. Бях горен. Бях хвърлен на пода и окован към железна верига. Бях принуден да целувам краката на негрите, които плюеха в лицето ми. Двама тъмнокожи и един бял офицер плюеха в устата ми и когато аз не исках да я отварям повече, те ми я отвориха с дървена пръчка. Когато поисках вода ме заведоха в тоалетната и ми казаха да пия от там.

Във Висбаден, господа, един лекар се смили се за мене и аз заявявам, че директорът на болницата – евреин, се отнасяше към мен съвсем коректно. Аз казвам – не ме разбирайте погрешно, че еврейските офицери, които ни охраняват в затвора се отнасят към нас коректно и лекуващите лекари са внимателни и тактични. От това изявление можете да видите разликата в момента, между единия и другия затвор".

Друга „неподходяща забележка" би трябвало да се появи след параграф 1 на страница 349 [379] том XII, но също е отстранена. Можете да я прочетете на страница 8549 копия на записа на срещата, получена на циклостил:

„За да се избегнат недоразумения аз трябва да кажа, че във Фрайзинг бях жестоко пребит и изкарах няколко дни без дрехи, така че в крайна сметка загубих 40 % от слуха си и хората се смеят, когато ги моля да се повтарят. Относно това как се отнасяха с мен – не мога да направя нищо. Затова искам да отново да чуя въпроса".

На това полковник Грифит-Джоунс отговаря „Мога да ви покажа и съм готов да повторя въпроса толкова силно, колкото искате".

Като се има предвид, че всичко по-горе изказано се базира на личният опит Щрайхер, а не на слухове е трудно да се разбере защо тези коментари бяха премахнати, а слуховете, които са благоприятни за прокуратурата бяха оставени (по принцип материалите на прокуратурата са почти изцяло съставени от писмени и устни слухове). Ако прокуратурата не е повярвала на показанията на Щрайхер, според които той е бил измъчван, те биха могли да го подложат на кръстосан разпит, за да открият възможни несъответствия и да покажат, че е възможно да лъже. Вместо това просто го предупреждават и заличават коментарите му от протоколите на заседанията. Толкова за истината, справедливостта и справедливия процес.

Щрайхер твърди, че неговите призиви за „унищожаване" на еврейството в по-голямата си част са причинени от бомбардировките на съюзниците и призивите за унищожаване на германския народ, звучащи от другата страна:

„Ако в Америка писател на име Ерик [правилно: Теодор] Кауфман може открито да иска стерилизация на всички германски мъже способни за създаване на потомство с цел унищожаване на германския народ, аз казвам – „Око за око, зъб за зъб." Това е чисто теоретичен литературен въпрос" (V 91-119 [106-137]; XII 305-416 [332-453]; XVIII 190-220 [211-245]).

www.ingramcontent.com/pod-product-compliance
Lightning Source LLC
LaVergne TN
LVHW041539060526
838200LV00037B/1060